自轮运转车辆乘务人员一次乘务作业标准和呼唤应答标准

《自轮运转车辆乘务人员一次乘务作业标准和呼唤应答标准》编委会　编

中国铁道出版社有限公司

2023年·北　京

图书在版编目(CIP)数据

自轮运转车辆乘务人员一次乘务作业标准和呼唤应答标准/《自轮运转车辆乘务人员一次乘务作业标准和呼唤应答标准》编委会编.—北京:中国铁道出版社有限公司,2023.5

ISBN 978-7-113-30020-3

Ⅰ.①自… Ⅱ.①自… Ⅲ.①轨道车-驾驶员-作业标准-中国 Ⅳ.①U216.61-65

中国国家版本馆 CIP 数据核字(2023)第 043103 号

书　　名:自轮运转车辆乘务人员一次乘务作业标准和呼唤应答标准
作　　者:《自轮运转车辆乘务人员一次乘务作业标准和呼唤应答标准》编委会

责任编辑:高　楠　**编辑部电话**:(010)51873347　**电子邮箱**:13522756157@163.com
封面设计:高博越
责任校对:安海燕
责任印制:高春晓

出版发行:中国铁道出版社有限公司(100054,北京市西城区右安门西街 8 号)
网　　址:http://www.tdpress.com
印　　刷:北京盛通印刷股份有限公司
版　　次:2023 年 5 月第 1 版　2023 年 5 月第 1 次印刷
开　　本:880 mm×1 230 mm　1/32　**印张**:5.25　**字数**:106 千
书　　号:ISBN 978-7-113-30020-3
定　　价:35.00 元

编　委　会

前　言

为适应新时代铁路高质量发展需求，提升铁路企业管理品质，深入推进“标准化、规范化”建设，进一步规范自轮运转车辆乘务人员作业标准，保障自轮运转车辆运用安全，结合现场生产实际，我们组织编写了《自轮运转车辆乘务人员一次乘务作业标准和呼唤应答标准》。

本书以《铁路技术管理规程》《大型养路机械使用管理规则》《轨道作业车管理规则》《铁路机车操作规则》《铁路交通事故调查处理规则》等规章制度为编写依据，全面介绍了自轮运转车辆乘务人员出车前整备作业、调车作业、开行列车、返回驻地过程中须执行的标准及互控要求。

本书包括总则、待乘、出乘作业、整备作业、调车作业、开行列车、维修（施工）作业、到达驻地、呼唤应答基本要求及GYK应急处置等内容。

在学习和执行本书相关标准过程中，自轮运转车辆乘务人员认真总结经验、积累资料，如有补充和完善之处，请及时将意见反馈给我们，供今后修订时参考。

本书在编写过程中，西安局集团公司工务部、职工培训部对书稿提出了宝贵意见，在此表示感谢。因编写人员能力有限，不妥之处请指正。

编委会

2023 年 3 月

目　　录

第一篇　自轮运转车辆乘务人员一次乘务作业标准 …… 1
　第一章　总　　则 …… 1
　第二章　待　　乘 …… 3
　第三章　出乘作业 …… 4
　第四章　整备作业 …… 6
　第五章　调车作业 …… 7
　第六章　开行列车 …… 13
　第七章　维修(施工)作业 …… 28
　第八章　退乘作业 …… 33
第二篇　自轮运转车辆乘务人员一次呼唤应答标准 …… 35
　第九章　呼唤应答基本要求 …… 35
　第十章　呼唤应答标准 …… 37
第三篇　附　　则 …… 51
　附件 1　自轮运转车辆乘务人员待乘制度 …… 52
　附件 2　自轮运转车辆随车资料 …… 54
　附件 3　轨道作业车检查重点 …… 55
　附件 4　大型养路机械检查重点 …… 60
　附件 5　调车作业安全辅助防护系统(GDK)使用维护方法 …… 66

附件 6　GYK 设备应急处置标准 …………………… 73
附件 7　GYK 设备运行揭示数据解除方法 ……………… 82
附件 8　GYK 设备解锁标准及要求 ……………………… 84
附件 9　GYK 设备操作及模式选用标准 ………………… 88
附件 10　GYK 设备维护管理标准 ……………………… 93
附件 11　GMS 系统操作方法及标准 …………………… 101
附件 12　自轮运转车辆运用安全措施 ………………… 115
附件 13　自轮运转车辆乘务人员标准化作业验收
标准 …………………………………………… 151

第一篇　自轮运转车辆乘务人员一次乘务作业标准

第一章　总　　则

第一条　为规范自轮运转车辆乘务人员（轨道作业车司机、大型养路机械运行司机，以下简称乘务人员）乘务作业和呼唤应答标准，结合现场实际情况，制定本标准。

第二条　本标准依据国铁集团《轨道作业车管理规则》、《大型养路机械使用管理规则》，参照《铁路机车操作规则》等有关要求制定，适用于自轮运转车辆乘务人员。

第三条　本标准所述自轮运转车辆是指各类型的轨道作业车和大型养路机械。

第四条　自轮运转车辆运用执行正、副驾驶双人值乘制度。高速铁路正、副驾驶，普速铁路正驾驶必须取得《铁路机车车辆驾驶证》（轨道作业车 L1 或 L3 类，大型养路机械 L1 或 L2 类）。普速铁路副驾驶可由取得相应驾驶证或《理论考试合格证明》的人员担当。下列人员不得驾驶自轮运转车辆：

1. 走私、贩卖或者吸食毒品的。

2. 组织、领导或者参与恐怖主义活动的。

3. 饮酒、服用国家管制的精神药品或者麻醉药品，或者患有妨碍安全驾驶铁路机车车辆的疾病，或者存在其他影响安全驾驶行为的。

4. 违章驾驶后未采取考核、教育、培训等措施的。

第五条 《理论考试合格证明》持有人须在具有最近三年及以上连续安全驾驶经历的正驾驶指导下，方可练习操纵自轮运转车辆。但遇下列情况之一时，禁止《理论考试合格证明》持有人练习操纵：

1. 易燃易爆等危险品运输。
2. 抢险运输、人员运输、事故救援。
3. 双线区段反方向运行。
4. 恶劣天气或长大坡道运行。
5. 非正常行车。
6. 高速铁路。

第二章　待　　乘

第六条　乘务人员出乘前应充分休息，严格遵守待乘制度(附件1)。24 h内休息时间不得少于6 h，在0:00～6:00之间值乘的，出乘前12 h内待乘休息不少于4 h，出车前预留不少于1 h做准备工作(应急抢修除外)。一次连续工作时间不得超过10 h。

第七条　施工现场因调车编组、装卸机具、材料等导致乘务人员待乘时间不足时，车间需根据工作实际安排调休，对0:00～6:00连续值乘3个夜班以上的，应调整配班(应急抢修除外)。

第三章　出乘作业

第八条　乘务人员值乘应统一着制式服装，衣着整洁，下车作业时必须佩戴具有反光标志的劳动防护用品。

第九条　乘务人员班前10 h内和班中严禁饮酒。出乘前开启行车安全装备，由班组或车组负责人监督，在音视频监控下进行酒精测试，测试值不得大于或等于20 mg/100 mL，在运行日志中做好记录，超标时应立即停止其工作。

第十条　对照“施工及车辆运行计划表”对本次作业进行安全预想，并在运行日志上记录。

1. 调车作业安全预想：

（1）对照“调车作业五色图”对调车站场站界位置及距离、土挡、大门、脱轨器、右侧调车信号等进行预想。

（2）根据闭塞方式、线路分布方向对越出站界调车凭证进行预想。

（3）根据天气情况、车列长度、牵引重量对操纵方法、速度控制进行预想。

2. 运行作业安全预想：

（1）根据本次施工封锁方式，对监控装置使用模式、操作方法以及有效信号机进行预想。

（2）根据封锁地段内的线路坡度及施工项目，对防护信号位置、限速地段、对位停车地点、速度控制及制动机使用时机进行预想。

3. 挂运作业安全预想：

(1)走行、制动系统及作业装置相关部件是否存在松、脱、裂、断。

(2)车辆无火回送的转入转出流程。

(3)制动试验的环境，试风试闸的条件。

(4)防护、防溜的撤除、设置。

(5)挂运途中联系方式、人身安全。

第十一条 由班组或车组负责人组织乘务人员进行安全技术交底：

1. 健康问询，掌握乘务人员身体状况。

2. 进、出封锁区间凭证、方式，摘解及连挂地点。

3. 各自轮运转车辆作业项目、作业范围、GYK 模式选用。

4. 自轮运转车辆施工中存在的安全风险及管控措施。

第四章　整 备 作 业

第十二条　乘务人员共同检查确认自轮运转车辆随车资料(附件 2)、行车安全用品齐全有效。

第十三条　出车前乘务人员共同对车辆设备全面检查。检查作业须设置防护、确认防溜，实行绕车检查、呼唤确认。对车辆外观，发动机，仪器仪表，走行、制动、传动部件，作业机构等进行静动态重点检查，具体检查内容见附件 3 和附件 4。

第十四条　牵引平车运行时，须检查确认平车设备技术状态符合规定，路料装载稳固。装载加固的基本要求是：不超限、不超载、不偏载、不偏重、不集重，能够经受正常调车作业以及列车运行中所产生的各种力的作用，在运输全过程中，不发生移动、滚动、倾覆、倒塌或坠落等情况。

第十五条　检查试验轨道车运行控制设备(GYK)、机车综合无线通信设备(CIR)、机车信号等行车安全装备状态良好。载入 GYK 临时数据并与副驾驶共同核对正确。

第五章　调 车 作 业

第十六条　中间站停留自轮运转车辆，无论停留的线路是否有坡道，均应连挂在一起，拧紧两端车辆的人力制动机（单元制动器），并以铁鞋（止轮器）牢靠固定（以下称“双防溜”）。因作业需要不能连挂在一起时，应分组做好防溜措施，并对两端车辆实施“双防溜”。一批调车作业中临时停留的车辆，须拧紧两端车辆的人力制动机（单元制动器）或以铁鞋（止轮器）止轮。设置、撤除防溜执行“本车正、副驾驶互控，两端车辆正驾驶互控”要求。

1. 设置“双防溜”时，做好防护，按先设置人力制动机（单元制动器），后设置铁鞋的顺序执行。

（1）设置人力制动机（单元制动器）时：确认制动主管减压 100 kPa，单阀处于全制动位，制动缸压力不小于 300 kPa。顺时针方向旋转拧紧人力制动机，确认人力制动机链处于张紧状态，各闸瓦处于紧固状态。

（2）设置铁鞋时：应在单车或车列最外方车轮股道上设置（曲线为下股股道），按照“鞋尖朝内”相向方向设置（因设备影响无法相向设置的自轮运转车辆单独防溜时“鞋尖朝外”），鞋尖必须紧贴车轮踏面、牢靠固定，防盗锁处于锁定位置。遇最外方车轮因工作装置、制动拉杆等设备影响不能支设铁鞋时，可依次向内顺延选择第二、三、四车轮下支设。

2. 撤除“双防溜”时，做好防护，按先撤除铁鞋，后松开人力制动机(单元制动器)的顺序执行。

(1)撤除铁鞋时确认车辆总风缸压力 700 kPa,制动主管减压 100 kPa 以上,单阀处于全制动位,制动缸压力不小于 300 kPa。铁鞋撤除后及时归位。

(2)松开人力制动机时应逆时针方向旋转使人力制动机链处于完全松弛状态。

3. 自轮运转车辆应配备双面警示牌,正面为“铁鞋已支”、反面为“铁鞋已取”。自轮运转车辆在静止状态下采取铁鞋防溜后,乘务人员须在油门控制手柄处揭示“铁鞋已支”;撤除铁鞋后,揭示“铁鞋已取”。

第十七条 自轮运转车辆副驾驶与车辆监控人(车组负责人)共同确认两侧防护链(门、栏杆)锁闭良好,搭乘人员齐全,关好车门并告知正驾驶。严格执行“联系不清不动车、人不到齐不开车、车不停稳不上下”的三不原则。

第十八条 调车作业时,乘务人员必须在运行方向正向操纵,出库运行时,应动态试验制动机性能。

第十九条 调车计划下达后,本务正驾驶应通过 CIR 与车站值班员联控确认,并向本列各补机车辆传达计划,对照“调车作业五色图”确认经路。

第二十条 调车作业单机、牵引运行或推进运行时,待调车信号开放后,乘务人员严格执行确认调车信号、车机联控、操作 GYK 的作业流程。

1. 第一架调车信号机前必须执行“探头手比、呼唤应答”制度(调车走行中凡停车再开,应重新执行“探头手比、呼唤应答”制度,确认运行前方信号机显示)。即:正驾驶在左侧车窗探头并剑指第一架调车信号机,副驾驶位于正驾驶右后侧剑指第一架调车信号机，二人共同确认并呼唤应答。调车信号机右侧设置时，副驾驶在右侧车窗探头并剑指第一架调车信号机，正驾驶剑指第一架调车信号机，二人共同确认并呼唤应答。停车位置距前方信号机不足 10 m 且瞭望不清时，副驾驶应下车确认，并注意避让邻线列车。

2. 瞭望距离内无法确认运行前方第一架地面调车信号时，使用“目视行车”模式运行至瞭望到该信号机的位置停车，执行“探头手比、呼唤应答”制度后，将 GYK 设置为“调车”模式方可进行后续作业。

3. 制动主管压力上升达到 480 kPa 及以上时动车，本务正、副驾驶分别进行后部瞭望，确认无异常。

第二十一条 在非集中区段进行调车作业时，正、副驾驶严格执行“要道还道”制度，确认扳道人员显示信号、道岔标志、股道信号、道岔开通信号及位置正确后方可动车。

1. 要道时本务正驾驶遇通信设备联系不通，可只鸣示“呼唤信号”(二短一长声)。确认最近的扳道人员显示的股道号码及道岔开通信号还道，遇通信设备联系不通时须鸣笛回示。

2. 进路上有两名及其以上的扳道人员时，从最近的扳道人员由近而远的要道，确认扳道人员由远而近的还道。

3. 在非集中操纵道岔的车站调车作业，车辆未停到预定地点，压道岔或警冲标需要牵引或推进，前方进路上还有道岔时，仍需执行要道还道制度。

第二十二条 调车运行中，正、副驾驶须严格执行手比眼看、呼唤应答和调车联控制度，逐一确认信号、进路及各种防护标志，并通过调车作业安全辅助防护系统(GDK)预览进路、判断距离，GDK 使用维护方法见附件 5。

第二十三条　在尽头线上或库内运行调车时，距线路终端或停留车应有 10 m 的安全距离；遇特殊情况，必须近于 10 m 时，正驾驶要严格控制速度。在尽头线连挂停车位置距离车挡不足 10 m 的车辆时，必须 20 m 前一度停车，副驾驶下车引导。

第二十四条　单机换端操纵时，JZ-7 制动机自阀最大减压位待制动主管排风完毕后移至取出位，正驾驶取出自阀、单阀手柄，换端后操作自阀进行制动试验；YZ-1 制动机控制自阀减压 140 kPa，制动缸压力上升至 360 kPa，将自阀移至运转位，单阀缓解位换端，换端后将单阀移至全制动位操作自阀进行制动试验。

第二十五条　自轮运转车辆转线、出（入）库、连挂车辆以及在车站、停留线等移动时，按调车作业办理，应正确设置 GYK 控制模式。严格执行调车作业规定，在段管线移动时，执行段管线管理规定。进入站内空线牵引运行限速 40 km/h；推进运行限速 30 km/h。

第二十六条　多机连挂运行时，本务乘务人员确认车辆连挂状态、制动制式相同，进行全列制动试验，后部补机正驾驶配合确认制动效能。动车时，必须得到补机车辆回示，方可动车；多机连挂运行时，严禁使用单阀进行制动操作。

自轮运转车辆进行换端操作前，乘务人员须确认车辆停稳且制动可靠后方可进行换端操作；多机连挂换端时，禁止本、补机同时换端。未换端情况下，不得联控确认调车进路。

第二十七条　连挂或接近停留车辆时，按十车、五车、三车距离和信号要求控制速度，执行呼唤应答，按照十车距离（110 m）限速 17 km/h，五车距离（55 m）限速 12 km/h，三车距离(33 m)限速 7 km/h 控制车速。

第二十八条 自轮运转车辆的分解、连挂地点应选择在平直线路或坡度和曲线超高较小的地段,原则上执行"轻车挂重车、少车挂多车、坡下车挂坡上车",严禁两车同时挂一车,严禁顺坡连挂。

第二十九条 连挂作业时,距被挂车辆 10 m 前、2 m 处两度停车,GYK 设备设置"调车(连挂)"模式,以不超过 5 km/h 的速度平稳连挂,做到"一防护、二停车、三调整、四连挂、五试拉、六接风管、七开折角塞门、八试风"。

摘解作业时,应先设好防护并确认车辆处于制动状态,做到"一关前、二关后、三摘风管、四提钩、五解体、六试风、七运行"。

第三十条 摘挂车作业,被摘挂车有乘务人员时:

1. 挂车作业由被挂车副驾驶负责防护并显示信号,主挂车副驾驶负责调整车钩钩位、连结制动软管、开启折角塞门。

(1)连挂作业前被挂车副驾驶确认本车制动软管、钩销状态良好并提钩至全开位置后在 10 m 前设置防护。

(2)主挂车距被挂车辆 10 m 前(防护信号)一度停车后,副驾驶确认 GYK 转换为"调车(连挂)"模式,下车检查本车制动软管并将车钩提升至全开位。

(3)被挂车副驾驶显示联结和稍行移动的信号,主挂车 2 m 处停车后,被挂车副驾驶设置防护,主挂车副驾驶调整钩位,具备连挂条件时,被挂车副驾驶显示联结信号指挥连挂作业。

(4)试拉妥当后,被挂车副驾驶设置防护,主挂车副驾驶连结制动软管、开启折角塞门。严禁动态中调整钩位和摘接风管，禁止双足进入钩挡、翻越车钩作业。

(5)连挂稳妥后，试风试验，确认制动性能良好，撤除防溜具备开车条件后方可动车。

2. 摘车作业，被摘车副驾驶确认本车防溜状态良好并设置防护信号，提钩后撤除防护，显示反方向去的信号并通知摘车正驾驶。摘车正驾驶严格执行联系不畅、信号显示不明不准动车规定。

第三十一条 摘挂平车时，由摘挂车副驾驶负责。摘车时，车辆必须停妥，按规定采取防护、防溜措施，方可摘开车钩；连挂时，没有连挂妥当，不得撤除防溜措施。摘挂车正驾驶必须确认信号，按照副驾驶的指示操纵车辆。

第三十二条 未连挂妥当需重新连挂时，拉开距离不少于 2 m，连挂车辆正驾驶确认车下人员处于安全位置，信号显示正确后方可动车连挂。

第三十三条 调车作业结束转入站内后，需停留在警冲标内方，本务正驾驶须按照有关规定办理行车手续。

第六章 开 行 列 车

第三十四条 开行列车计划生效后，班组或车组负责人组织乘务人员做好以下工作：

1. 对运行径路上支线选择、复杂站场车站代码、重复公里标选择等参数进行模拟记录，防止错输。

(1)学习多方向、复杂站场“站细”，掌握各方向径路和复杂站场进、出站(进路)信号机类型、位置。

(2)同一车站同一方向存在两条及以上进、出站径路时，所走径路不同，仍需选择支线。

(3)模拟支线选择时，输入后方站车站代码调取基本数据后，使用【车位】键＋【向前】键调整车位至支线选择地点，根据 GYK 显示屏左下角支线选择信息进行记录。再使用【车位】键＋【向前】键确认监控线路、前方站信息与目的径路相符。

(4)选择复杂站场车站代码时，一是可调取后方车站基本数据，使用【车位】键＋【向前】键，正确选择支线后调整监控位置过当前站站中心，使用【查询】键查询当前车站代码，记录后调取基本数据；二是利用“车站信息表”使用“排除法”选择正确的车站代码。

(5)调取基本数据后，根据当前站出站(进路)信号机位置、工务线路号码、下一站进站信号机公里标确定调取基本数据正确。

(6)遇计划路票、绿色许可证等非正常行车时，乘务人员必须确认 GYK 临时数据正确，并操作进行模拟验证，自轮运转管理人员做好指导培训，确保乘务人员掌握操作方法、非正常行车安全关键。

2. 对运行区段内机车综合无线通信设备(CIR)频率转换地点、G 网区段开始和截止地点、车机联控道口、汛期行车重点地段、长大坡道等运行安全关键点进行学习掌握。

第三十五条 开车前做好以下准备工作：

1. 正、副驾驶须共同确认行车凭证，GYK 选择"正常监控"模式，依次输入行车参数并核对，返回主界面确认运行方向、对标灯点亮、工况前进位。

2. 确认机车信号上下行、CIR、GYK 设置正确。

3. 地面信号开放后，乘务人员按出站(进路)信号、进路表示器、机车信号、GYK 信号顺序逐项手比、呼唤确认。正驾驶与车站值班员车机联控发车后，如瞭望无法确认运行前方地面出站(进路)信号时，以不超过 20 km/h 的速度运行至能够瞭望到信号机的位置呼唤确认后，方可进行后续作业。

4. 起动前，本务正驾驶进行制动机简略实验，根据列车编组情况确认制动、缓解及充风时间，确保制动主管风压泄漏量不大于 20 kPa/min。多机连挂时，补机乘务人员确认制动机手柄位置正确、制动良好后，向本务乘务人员汇报。

第三十六条 动车后，正、副驾驶分别进行后部瞭望(有助理值班员的，先确认值班员侧)、呼唤确认。两台或多台有牵引力的自轮运转车辆连挂运行时，本务乘务人员与补机乘务人员应保持联系，指挥具备相同牵引特性的补机依次提供动力，保持同步操纵。

第三十七条 当运行至对标点时，正驾驶按压 GYK 设备【开车】键对标。对标地点选择如下：

1. 正方向运行按照相应正线出站（进路）信号机位置对标。

2. 反向运行按照所走线路的正线出站（进路）信号机位置对标。

3. 复杂站场结合“车站信息表”出站信号机公里标对照该站“站细”中股道出站（进路）信号机公里标正确选择。

第三十八条 进、出站运行时，副驾驶立岗瞭望。自动闭塞区段为区间最后一架通过信号机，半自动闭塞区段为预告信号机前至出站前方站界位置。

第三十九条 运行中接收临时限速调度命令时，由正驾驶负责接收（签收）并与列车调度员（车站值班员）认真核对。通过调度命令无线传送系统发送的临时限速调度命令，正驾驶签收后及时打印；通过 CIR 通知的临时限速调度命令，正驾驶核对后记入运行日志。副驾驶核对、确认命令开始和结束时间、区段、起止里程（区间）、限速值（行车方式）等内容。

乘务人员接到临时限速调度命令，选择适当时机向 GYK 揭示编辑中心报告，自轮运转管理科及时指导提示。

站内停车时接收到运行前方临时限速的调度命令时。乘务人员应人工输入运行揭示信息实现 GYK 机控，乘务人员输入时须一人输入、一人核对，并在运行日志上记录。自轮运转车辆越过调度命令载明的慢行地段后，乘务人员可自行解除运行揭示控制。

第四十条 严格执行“彻底瞭望、确认信号、准确呼唤、手比眼看”十六字令，规范执行确认“呼唤应答”和“车机联控”制度。

1.“彻底瞭望”要做到：车动集中看，瞭望不间断。

2.“确认信号”要做到：听不清就问，看不清就停。

3.“准确呼唤”要做到：看准再喊，准确无误。

4.“手比眼看”要做到：呼唤为主，手比为辅。

第四十一条 正、副驾驶在运行中随时观察各仪表及制动状态，注意发动机、传动系统、走行部件声响，集中精力平稳操纵，不得做与行车无关的事，严格按信号显示行车。遇信号显示不明或危及行车和人身安全时，应立即采取减速或停车措施。

道机联控及道口与车站联控的道口，乘务人员应利用列车无线调度通信设备（或直通车站电话）按规定联控，确保行车安全。呼叫道口看守人员三遍未应答时，列车以在瞭望距离内能够随时停车的速度运行（最高不得超过 20 km/h），当发现前方道口故障、停车信号或接到停车通知时，应立即停车。施工列车及工程机械要制定施工期间通过道口的安全措施。

第四十二条 区间运行时，中途严禁熄火。本务乘务人员正确使用制动机，随时观察制动主管压力，适时进行制动试验。途中根据运行速度及时换挡，换挡应逐级提升挡位，严禁“拖挡”运行。

第四十三条 运行中正、副驾驶要严格执行鸣笛相关要求。以提示注意、相互联系为目的时应使用通信设备方式，遇联系不通或危及行车人身安全时，应采用鸣笛方式。遇鸣笛标、作业标时须长声鸣笛（早鸣笛），在限鸣区域，除遇危及行车安全等情况外，限制鸣笛（巧鸣笛）。严禁在直线区段瞭望距离内无侵限行为时，进行连续不断地鸣笛。装备机车限鸣示警系统的应开启灯显警示设备。

第四十四条 运行中，注意监控状态，执行 GYK 设备应急处置标准(附件 6)。严格按照 GYK 设备显示的限速要求控制车速，严禁超速运行，注意在整公里标处确认车位，防止监控公里标与实际不符，导致列车无法进站或限速曲线闭口非正常停车。

(一)西铁电子 GYK 设备进站时控制

1. 自动闭塞区段

正驾驶在最后一架通过信号机位置进行人工校正或绝缘节校正后，接收到进站信号以进站信号机为目标(留有安全距离)进行控制，如图 6-1 所示。

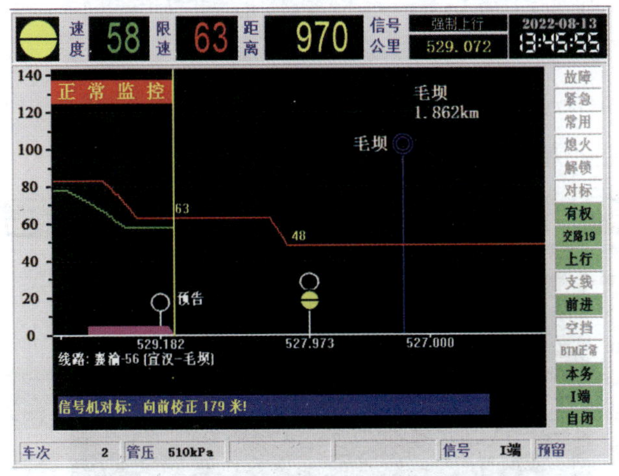

图 6-1 以进站信号机为目标进行控制

若进站分区小于 1 000 m，以进站信号机前 100 m 处为目标点进行控制；若未进行人工校正或绝缘节校正，当接收到允许信号，控制自轮运转车辆 700 m 后降为接收到的机车信号限速，如图 6-2 所示。

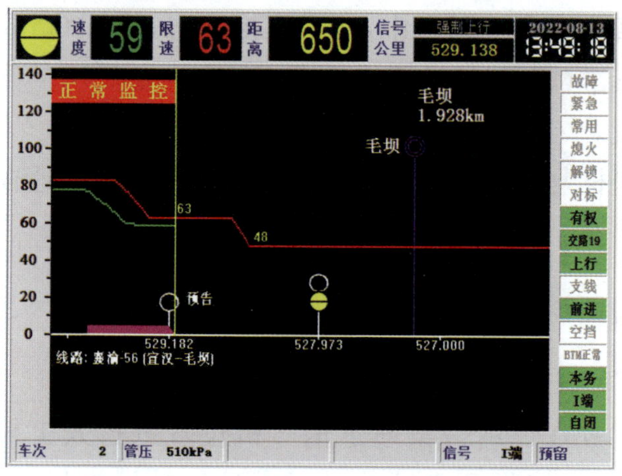

图 6-2　自轮运转车辆 700 m 后降为接收到的机车信号限速

当接收到红黄灯信号，根据接收到红黄灯信号时距进站信号机的距离，分三种情况进行控制：

(1)距离进站信号机大于 600 m 时收到红黄灯信号，控制曲线在前方 500 m 闭口，如图 6-3 所示。

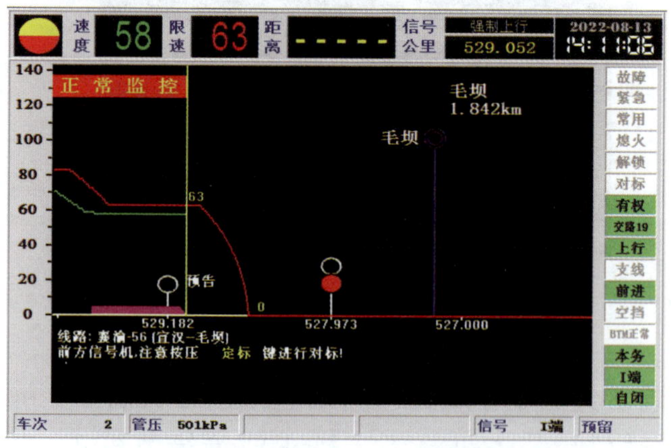

图 6-3　控制曲线在前方 500 m 闭口

(2)距离进站信号机 100～600 m 时收到红黄灯信号，控制曲线在进站信号机前 100 m 闭口，如图 6-4 所示。

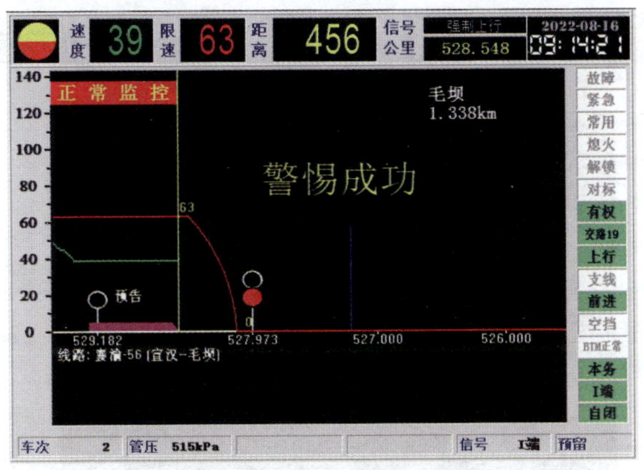

图 6-4　控制曲线在进站信号机前 100 m 闭口

如进站信号机开放黄灯，GYK 显示公里标滞后实际位置大于 100 m，自轮运转车辆过进站信号机后接收红黄灯，仍然按上述情况进行控制，导致限速曲线闭口，列车非正常停车，如图 6-5 所示。

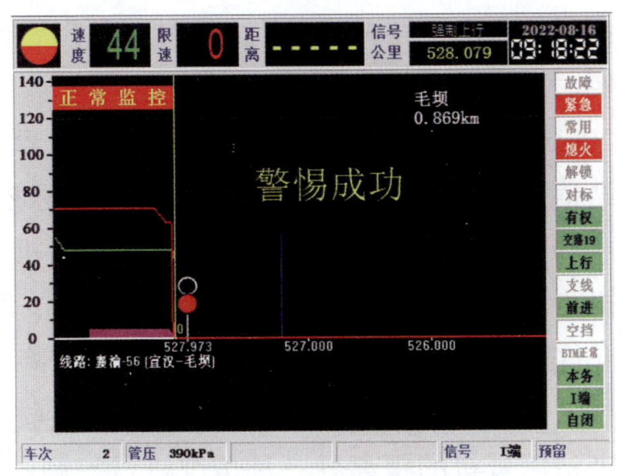

图 6-5　列车非正常停车

(3)距离进站信号机小于 100 m 时收到红黄灯信号，控制曲线在前方 500 m 闭口，如图 6-6 所示。

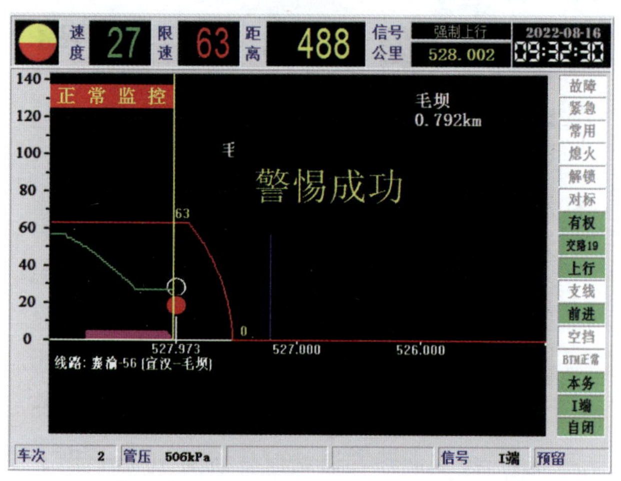

图 6-6　控制曲线在前方 500 m 闭口

2. 半自动闭塞区段

在进站信号机前(进站信号机前是指：存在预告信号机的越过预告信号机，无预告信号机的在进站信号机前 1 400 m)接收到机车信号，DMI 界面弹出“进站信号确认”提示窗口，乘务人员需要对地面信号进行确认：

选择“确认”(确认接收到的信号与地面信号含义相符)，如果在进站信号机前 3 km 范围内，进行过公里标校正(自动校正、车位＋向前/向后、公里标)，按照接收到的机车信号以进站信号机为目标进行控制；如果没有进行过公里标校正，当接收到允许信号控制自轮运转车辆 700 m 后降为接收到的机车信号限速。当接收到红黄灯信号，根据接收到的红黄灯信号距进站信号机的距离分三种情况进行控制：

(1)距离进站信号机大于 600 m 时收到红黄灯信号，控制曲线在前方 500 m 闭口。

(2)距离进站信号机 100～600 m 时收到红黄灯信号，控制曲线在进站信号机前 100 m 闭口。

(3)距离进站信号机小于 100 m 时收到红黄灯信号，控制曲线在前方 500 m 闭口。

(二)杭州创联 GYK 设备进站时控制

1. 自动闭塞区段

在最后一架通过信号机位置进行人工校正或绝缘节校正后，以进站信号机为目标(留安全距离)进行控制。若进站分区小于 1 000 m，按进站信号机前 100 m 处为目标点进行控制。若未进行信号机位置对标，当接收到允许信号，控制自轮运转车辆 700 m 后降为接收到的机车信号限速。

2. 半自动闭塞区段

在进站信号机前 3 km 范围内进行一次公里标位置对标(自动校正、车位＋向前/向后)，公里标校正后，以进站信号机为目标(留安全距离)进行控制。进站信号机前收到机车信号，弹出"进站信号确认"窗口，乘务人员确认后，以接收到的机车信号，按进站信号机为目标进行控制；选择取消或不进行确认，限速曲线保持不变；机车信号为白灯或红灯，限速曲线保持不变。停车后，在限速曲线闭口点前 500 m 内提供解锁条件，按压【解锁】键后，继续运行至目标距离剩余 200 m 时，GYK 进入"正常监控(目视)"模式控制。当机车信号变为允许信号时，GYK 退出目视状态，按接收到的机车信号控制运行。

3. 自动闭塞、半自动闭塞区段接收红黄灯信号

(1)如果自动闭塞区段的预告信号机进行了信号机位置

对标或半自动闭塞区段在进站信号机前 3 km 范围内进行了公里标位置对标，根据当前车位与进站信号机的距离，分为两种情况控制：

①距离进站信号机大于 100 m 时，限速曲线以前方进站信号机为目标点控制，留有安全距离，不会越过进站信号机，如图 6-7 所示。

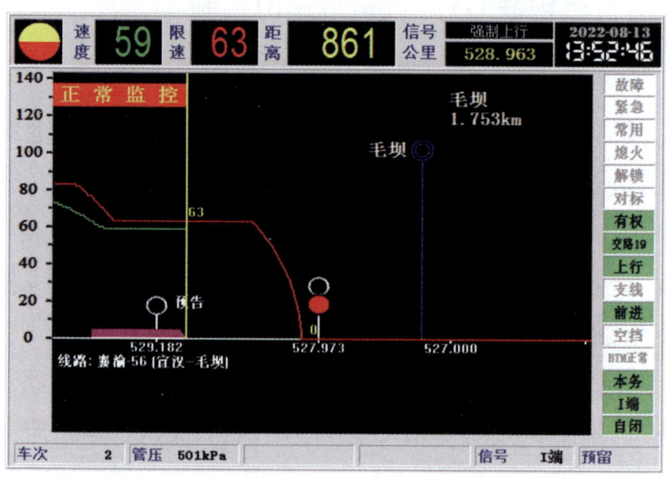

图 6-7　以前方进站信号机为目标点控制

②距离进站信号机小于 100 m 时，认为是车位滞后误差引起（自轮运转车辆实际已经越过了进站信号机），限速曲线在前方 500 m 闭口，可以越过进站信号机。

（2）如果在自动闭塞区段的预告信号机未进行信号机位置对标操作或半自动闭塞区段未在进站信号机前 3 km 范围内进行了公里标位置对标操作，根据当前车位与进站信号机的距离，分为三种情况控制：

①距离进站信号机大于 600 m 时，限速曲线在前方 500 m 闭口，不会越过进站信号机，如图 6-8 所示。

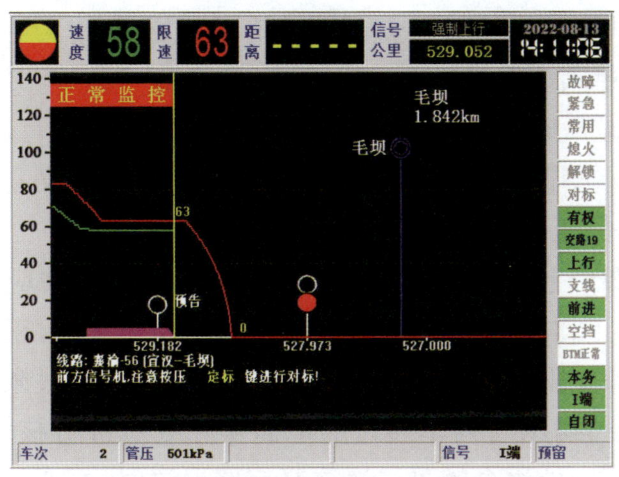

图 6-8　限速曲线在前方 500 m 闭口

②距离进站信号机大于 100 m 小于 600 m 时，限速曲线在进站信号机前 100 m 闭口。

(3)距离进站信号机小于 100 m 时，认为是车位滞后误差引起(自轮运转车辆实际已经越过了进站信号机)，限速曲线在前方 500 m 闭口，可以越过进站信号机。

第四十五条　上坡前须提高速度增大牵引力，坡中及时调整挡位，充分利用线路纵断面的有利地形，适时加速，以便顺利通过坡顶。下坡时注意风压的变化，机械传动车辆不得空挡溜放。

第四十六条　实施常用制动时，应考虑列车速度、线路坡度、牵引辆数和吨数等条件，准确掌握制动时机，保持列车均匀减速，防止冲动。

1. 初次减压量不得少于 50 kPa。

2. 追加减压一般不应超过两次；一次追加减压量不得超过初次减压量。

3. 累计减压量不应超过最大有效减压量。

4. 单阀缓解量每次不得超过 30 kPa。

5. 减压时，自阀排风未止不应追加或缓解。

6. 严禁制动后将制动机手柄推向缓解位后又立即移回中立位(保压位)。

第四十七条 进入限速施工地点前，副驾驶应立岗瞭望，提示正驾驶严守限制速度。在减速起点标前，正驾驶将速度调整至限速值以下，匀速通过慢行地段。通过限速地点时，将交付揭示与列车通过的地面实际处所进行核对，经过一处划掉一处逐个销号。遇往复交路通过时，每通过该处一次标注"过 1"、"过 2"，依次类推。遇限速地点、起止时间、限速值与地面实际不符时，按最低速度和最长限速距离控制运行，并向车站值班员(列车调度员)报告，在运行日志做好记录。接收到解除运行揭示数据的调度命令时，严格按照 GYK 设备运行揭示数据解除方法执行(附件 7)。

第四十八条 遇天气恶劣，信号机显示距离不足 200 m 时，乘务人员须立即报告车站值班员(列车调度员)，改按天气恶劣难以辨认信号的办法行车。

第四十九条 通过车站时执行下列标准:

1. 遇呼叫标或 GYK 设备提示"车机联控"时，正驾驶与车站值班员进行车机联控，并注意确认地面信号。

2. 注意机车信号接收状态，遇线路行别、联络线等发码方式变化时适时切换机车信号上下行位置，确保机车信号正常接收。

3. 列车进站前除"车机联控"外，乘务人员还须根据地面信号与机车信号的显示，明确站内的行车方式。

(1)自动闭塞区段最后一架通过信号机显示黄色灯光，机车信号显示带“2”字的黄色灯光，表示进站信号开放经道岔侧向位置的进路，速度应控制在 60 km/h 以下，根据进站道岔限速掌握减压时机，进站后比照站内停车控制速度，严格按照 GYK 设备解锁标准及要求(附件 8)执行，等待机车信号接收。不得进站后盲目按照道岔限速控制速度，防止岔区过长，机车信号上码晚，监控限速曲线下降超速放风。

(2)自动闭塞区段最后一架通过信号机显示黄色灯光，机车信号显示一个带“2”字的黄色闪光，预告进站信号机开放经 18 号及以上道岔侧向位置，乘务人员严格按照监控限速变化合理控制速度。

(3)自动闭塞区段最后一架通过信号机显示黄色灯光，机车信号显示一个黄色灯光，表示进站信号机处于关闭状态，乘务人员必须严格控制速度，在机外停车后不得解锁。

(4)半自动闭塞区段预告信号机显示一个绿色灯光，表示主体信号机在开放状态，越过该信号机后乘务人员按照进站信号机的显示控制速度。

(5)半自动闭塞区段预告信号机显示一个黄色灯光，表示主体信号机在关闭状态。乘务人员必须严格控制速度，在机外停车后不得解锁。

4. 运行中严格确认预告、复示、进站(进路)、出站、通过信号机显示状态，按地面信号显示控速运行。多条径路时，应根据车机联控、进路表示器显示及时输入支线号。

5. 运行至进站信号机、出站信号机处，正驾驶报点、副驾驶记点。

第五十条 站内停车时执行下列标准：

1. 遇呼叫标或 GYK 设备提示“车机联控”时，正驾驶与车站值班员进行车机联控，并注意确认地面信号。

2. 通过侧向道岔时严格遵守道岔限速，站内正线停车时严格控制速度，做好信号突变应急处置。如触发信号突变报警，允许在 7 s 内按压【警惕】键，解除信号突变报警。

3. 进站停车过程中，在 GYK 限速曲线闭口前 500 m 内，将速度控制在 20 km/h 以下，按压【解锁】键解锁，GYK 按“正常监控（目视）”模式运行。乘务人员必须严格确认出站信号机位置，准确掌握制动时机，做到一次停妥，不得使用单阀制动停车。

4. 在站内停车后，应进行保压制动，减压量应达到 100 kPa 以上。

5. 站内停稳后正驾驶报点，副驾驶记点。

第五十一条 在站停车超过 20 min，应在保证人身安全的前提下，副驾驶下车检查走行装置、制动系统状态和轴箱温度，并观察各部位有无漏水、漏油、漏风情况。如需邻线侧检查时，正驾驶在车内防护，有车通过时，及时通知副驾驶停止检查，正、副驾驶不能同时离岗。再开车前必须进行制动机简略试验，发动机熄火须对车辆采取“双防溜”措施。

第五十二条 出站时执行下列标准：

1. 自动闭塞区段正线出站时，根据信号及限速控制车辆运行出站。

2. 自动闭塞区段侧线出站时，当机车信号由双黄灯、双黄灯闪、交流计数黄灯变为白灯时，按目标距离 700 m 停车曲线控制，GYK 提供确认条件，乘务人员按【出站】键后，DMI 窗口左上角显示“侧线出站”，限速曲线在原停车曲线基础上按当前允许速度延伸一个常用制动计算距离。

(1)当机车信号变化时,GYK 发出语音提示,按变更后的机车信号控制。否则在进入常用制动停车曲线前 10 s,语音及 DMI 窗口提示“前方信号确认!”,同时发出报警音。

(2)报警时,正驾驶若按【警惕】键,常用制动停车曲线往前移动 200 m。在进入常用制动停车曲线前 10 s 重新报警,若按【警惕】键,常用制动停车曲线往前移动 200 m。最多允许 3 次【警惕】操作,在信号变为白灯后最多运行 1 500 m。

(3)如果在前方 1500 m 处,机车信号仍为白灯,停车后允许解锁,乘务人员按【解锁】键,GYK 进入“正常监控(目视行车)”模式控车运行。当机车信号变为允许信号时,退出目视行车,按“正常监控”模式控制。

3. 半自动闭塞区段出站,当机车信号为允许信号出站时,越过出站信号机,机车信号变为白灯,按停车信号控制。

(1)允许乘务人员按【出站】键,解除停车控制,GYK 根据接收的出站信号,DMI 窗口左上角显示“正线出站”或“侧线出站”。

(2)按【出站】键后,正线出站按监控模式限速值控制,GYK 以前方进站信号机前 300 m 为目标点控制停车;侧线出站按道岔限速运行,GYK 以前方进站信号机前 300 m 为目标点控制停车,当运行 800 m 或越过道岔按压【解锁】键后,语音及 DMI 窗口提示“尾部过岔,请确认!”,正驾驶确认尾部过岔后按“确认”操作后,解除道岔限速。

第七章　维修(施工)作业

第五十三条　调度命令下达前,做好开车准备工作:

1. 认真学习“施工及车辆运行计划表”“施工车辆作业安全控制表”,明确封锁方式、施工项目、摘解地点、连挂地点、限速地点。

2. 对施工车组进行简略试验,确保制动主管风压泄漏量不大于 20 kPa/min。

3. 根据“施工及车辆运行计划表”预输区间作业参数,并与后部各车做好互控,正确选择 GYK 模式(附件 9)。预输参数上行车次输入 2,下行车次输入 1。

4. 与施工负责人联系,确保作业人员全部上车,搭乘人员坐稳扶牢,具备动车条件。

第五十四条　调度命令下达后:

1. 区间封锁:乘务人员接到车站递交的调度命令后,执行二人确认核对制度,明确封锁区间、防护点停车位置等重点。多机连挂运行时,应将调度命令内容传达至补机乘务人员。确保预输参数里程与调度命令里程一致,修改进入区间车次,与车站核对调度命令并进行车机联控后方可动车。

2. 站间或站内封锁:乘务人员接收到施工负责人传达的调度命令后,二人确认预输参数里程与施工里程一致,与车站进行车机联控,取得施工负责人同意后方可动车。

3. 车站股道内作业:进、出封锁范围必须按照调车作业的方式办理。在施工范围内 GYK 设备设置“目视行车”模式，首次移动时必须得到车站许可，方可按照施工负责人的指示作业，施工完毕停妥后向车站汇报。

第五十五条 动车后，正、副驾驶分别进行后部瞭望，在规定地点对标操作。

1. 区间封锁自轮运转车辆进入时，在防护地点前停车，按照施工负责人的指挥进入封锁地段。

2. 站间封锁自轮运转车辆分组进入或返回时，续行车辆速度不得大于前行车辆速度，前后车保持联系，前车减速或停车时，应立即通知后车注意运行，后车应及时采取减速或停车措施。续行间隔不得小于 50 m；续行间隔 50～300 m 时，速度不得超过 20 km/h 并做好随时停车的准备；续行间隔大于 300 m 时，速度不得超过 40 km/h。

3. 车组进入封锁地段内，保持车上、车下联系畅通，明确作业人员下道情况、限速情况，合理控制速度。自轮运转车辆在封锁范围内独自运行时，必须正确设置 GYK 控制模式。

4. 在施工封锁区段运行，通过换轨、清筛、桥涵架空等地段时严格按照施工负责人指示的速度运行，并随时做好停车准备。

第五十六条 进入换轨工地：

1. 进入换轨地段时严格按照施工负责人要求的速度执行，紧盯前方线路状态，遇线路异常时必须立即采取停车措施，停车后及时向施工负责人反馈信息，严禁擅自操作自轮运转车辆后退。

2. 推进装载移动式热处理设备的车辆时因瞭望受限，乘务人员必须加强与引导人员联系，警惕操纵。如联系中断时立即采取停车措施，联系正常后方可继续推进作业。

3. 区间配合作业严格按照施工负责人的指示执行。

4. 各作业车进入作业地点后按要求修改 GYK 参数，车辆间保持不少于 10 m 的安全距离。在封锁范围内，如需越出本车作业范围时，必须与相邻车辆做好停车位置互控。

第五十七条　进入清筛工地：

1. 过清筛导槽坑位置、人工清筛地段必须严格按照施工负责人的指示控速运行。

2. 物料运输车须在车辆停稳保压的状态下进行污土带的摆动和卸料作业，车间须安排专人在车下负责指挥防护。乘务人员必须加强与地面负责人联系，听清对位指令，精心操纵；联系不上、指令不清严禁动车；推进对位时，副驾驶须下车引导。

卸料作业不得在大超高曲线地段向下股卸料，污土带前端应与接触网支柱、高柱信号机等构筑物保持 2 m 以上的安全距离。非卸料状态下，污土带限位装置应始终保持锁定状态；卸料状态下，仅允许解锁卸料侧限位装置。

3. 卸土完毕推进时，引导人员必须抓稳扶牢，确认满足运行条件后，指挥车辆推进运行，推进过程中及时向正驾驶报告前方线路状况，联系中断时正驾驶必须采取停车措施，联系正常后方可继续推进。

4. 各作业车进入作业地点后按要求修改 GYK 参数，车辆间保持不少于 10 m 的安全距离。在封锁范围内如需越出本车作业范围时，必须与相邻车辆做好停车位置互控。

第五十八条　推进作业时，速度不得超过 30 km/h，前进方向第一位车正驾驶必须在前端驾驶室操纵，副驾驶在推进车列前端手持信号旗(灯)引导，无线列调手持电台等通信设备只能作为辅助手段。

第五十九条 施工完毕返回：

1. 施工完毕收车后，乘务人员必须检查走行传动系统、悬挂部件状态良好；各工作装置、检测装置、回转输送带装置等锁定到位、可靠，安全链拴挂有效；物料、工机具装载加固良好。

2. 车辆编组时，GYK 选择“区间作业编组”模式。连挂地点应选择在平直线路或曲线超高较小的地段，禁止顺坡连挂。

3. 返回运行中，在当日实际作业区段(换轨、清筛、桥涵架空等施工慢行限速区段)比照开通后首趟开行列车的限速运行，车组尾部越过后方可提速。

4. 区间封锁返回时，进站前须机外停车，确认行车凭证、道岔进路、信号显示正确后方可进站。如 GYK 设备接收不到地面信号：

(1)进站信号机开放、车机联控进站，停车后乘务人员报请生产调度指挥中心同意后方可解锁进站；进站信号机未开放，停车后不得解锁。

(2)车机联控通知乘务人员按照引导信号的显示进站，停车后乘务人员确认引导信号显示正确，报请生产调度指挥中心同意后方可解锁进站。

5. 站间封锁返回时，必须认真确认进路，进站时速度不得超过该股道的道岔限速，严格确认道岔开通状态。

第六十条 作业机构在不使用时必须关闭加锁。

第六十一条　自轮运转车辆简略试验的标准及时机：

1. 试验方法：当制动主管压力达到 500 kPa 后，本务正驾驶操作自阀减压 100 kPa 并保压 1 min，检查制动主管的贯通状态，确认最后一辆车发生制动作用；制动主管漏泄量每分钟不超过 20 kPa。

2. 试验时机：

(1)更换自轮运转车辆或更换乘务组时。

(2)始发列车发车前。

(3)列车软管有分离情况时。

(4)列车停留超过 20 min 时。

(5)列车摘挂补机，或第一位自轮运转车辆的自动制动机损坏交由第二位操纵时。

(6)自轮运转车辆改变驾驶室操纵时。

(7)单机附挂车辆时。

(8)列车进行摘、挂作业开车前。

(9)中间站利用本务自轮运转车辆去岔线取送车时。

(10)越出站界或跟踪出站调车时。

第八章　退乘作业

第六十二条　到达驻地车站停稳后，乘务人员应向车站值班员汇报。

第六十三条　调车作业停妥后对车组采取“双防溜”，设置警示牌，副驾驶操作，正驾驶确认。

第六十四条　每日作业完毕收车后，使用运行记录数据专用存储器，对所产生的 GYK 运行记录数据进行转储，交由专人于 18:00 前回传到指定数据服务器。遇特殊原因影响无法于 18:00 前回传数据的，应于次日 10:00 前回传。如安装 GYK 远程维护监测系统（简称 GMS）车载设备时，可利用 GMS 远程下载。

乘务人员应做好 GYK 设备日常维护工作（附件 10），遇 GYK 设备故障不能转储运行数据时，及时报主管工程师核实，配合做好故障处置。

第六十五条　GYK 数据换装时：

（1）乘务人员按照施工地点变化、开行列车计划等影响范围，在电报要求生效时刻延续 24 h 内经过施工地点的自轮运转车辆及时向车间专职管理人员汇报纳入换装计划，计划注明具体日期、时段、车号、停留地点、联系人、电话等。确保相关自轮运转车辆经过本次换装所涉及区段时，在行车设备基本数据变化前、后，GYK 设备基本数据与地面数据一致。安装了 GMS 的自轮运转车辆，数据升级换装、GYK 临时数据文件载入、主程序升级等必须按照操作流程操作(附件 11)。

(2)GYK 基本数据变化启用后,未完成换装的自轮运转车辆不得进入线路数据变化区段运行。乘务人员在自轮运转车辆进入线路数据变化区段前应查询确认 DMI 显示的 GYK 设备基本数据版本号与公布的版本号一致。

第六十六条 正、副驾驶按规定对车辆设备进行全面检查,清洁车辆。运行途中及库内检查发现设备异常时应立即组织修复,无法修复的故障、隐患要及时上报,并采取保安措施。

第六十七条 检查整备作业完毕,由班组或车组负责人组织乘务人员对当日自轮运转车辆运用情况进行总结。正、副驾驶共同做好车辆防火、防盗、防护等措施并进行酒精测试后方可退乘。

第六十八条 各车间针对自轮运转车辆运用中存在的问题、路内典型事故案例组织乘务人员进行学习,吸取教训,并将自轮运转车辆运用安全措施(附件 12)纳入月度学习计划,提高乘务人员业务知识。工班长(指导司机)每月对班组乘务人员进行标准化作业验收(附件 13),对验收不合格的人员及时帮教。

第二篇　自轮运转车辆乘务人员一次呼唤应答标准

第九章　呼唤应答基本要求

第六十九条　一次乘务作业全过程必须认真执行确认呼唤(应答)制度。

第七十条　确认呼唤(应答)必须执行“彻底瞭望、确认信号、准确呼唤、手比眼看”的“十六字令”，规范执行呼唤应答和车机联控制度。

第七十一条　列车运行中必须对所有地面主体信号显示全部进行确认呼唤(应答)。

第七十二条　信号确认呼唤时机：应遵循“信号好了不早呼、信号未好提前呼”的原则，瞭望条件良好时，进站(进路)信号不少于 800 m；出站、通过、接近、预告信号不少于 600 m；信号表示器不少于 100 m。

第七十三条　手比规范要求：

1. 信号显示要求通过(显示绿灯、绿黄灯)时：正驾驶为右手(副驾驶为左手，以下同)，伸出食指和中指并拢，拳心向左(副驾驶拳心向右)，指向确认对象。

2. 信号显示要求正向径路准备停车(显示黄灯)时：右手拢拳伸拇指直立，拳心向左。

3. 信号显示要求侧向径路运行(显示双黄灯、黄闪黄)时：右手拢拳伸拇指和小指，拳心向左。

4. 信号显示要求停车（显示红灯，包括固定和临时）时：右臂拢拳，举拳与眉齐，拳心向左，小臂上下摇动 3 次。

5. 注意警惕运行时：右臂拢拳，大小臂成 90°，举拳与眉齐，拳心向左。

6. 确认仪表显示时：右手伸出食指和中指并拢，拳心向左，指向相关确认设备。

7. 确认非集中操纵道岔、各类手信号、防护信号（脱轨器）时：右手伸出食指和中指并拢，拳心向左，指向确认的非集中操纵道岔、各类手信号、防护信号（脱轨器）。

8. 列车运行中，GYK 设备提示前方列车运行限制速度有变化时，乘务人员必须在变速点前，对变化的速度值及时进行确认呼唤；确认呼唤时，右手伸出食指和中指并拢，拳心向左，指向 GYK 设备显示部位。

9. 手比以注意警惕姿势开始和收回，手比动作稍作停顿。

第十章　呼唤应答标准

第七十四条　自轮运转车辆乘务人员呼唤应答标准见表10-1～表10-5。

表10-1　出乘前准备呼唤应答标准

序号	呼唤时机及处所	呼唤		应答		复诵		注意事项及说明
		呼唤者	标准用语	应答者	标准用语	复诵者	标准用语	
1	开启行车安全装备	副驾驶	确认开机	正驾驶	GYK好了 CIR好了 音视频好了	副驾驶	GYK好了 CIR好了 音视频好了	对行车安全装备逐一手比呼唤
2	酒精测试	副驾驶	酒精测试	正驾驶	××毫克每100毫升	副驾驶	××毫克每100毫升	测试值不得大于或等于20 mg/100 mL
3	GYK自检	副驾驶	信号自检	正驾驶	绿灯 绿黄灯 黄灯 …	副驾驶	绿灯 绿黄灯 黄灯 …	对照GYK信号显示、机车信号显示逐一手比呼唤确认，执行完毕后呼唤自检状态
		副驾驶	常用自检	正驾驶	管压 500千帕	—	—	排风后保压1 min缓解。执行完毕后呼唤自检状态
		副驾驶	按键自检	正驾驶	自检正常	副驾驶	自检正常	确保各按键正常，执行完毕后呼唤自检状态
		副驾驶	紧急自检	正驾驶	管压 500千帕	—	—	每月25日自检一次，执行完毕后呼唤自检状态

续上表

序号	呼唤时机及处所	呼唤		应答		复诵		注意事项及说明
		呼唤者	标准用语	应答者	标准用语	复诵者	标准用语	
4	作业动车前停车状态	副驾驶	确认模式	正驾驶	目视好了	副驾驶	目视好了	—
5	制动试验	副驾驶	制动试验	正驾驶	试验	—	—	—
		本务正驾驶	××车核对风压	尾部正驾驶	××车尾部风压××千帕	本务正驾驶	××车尾部风压××千帕，司机明白	自阀减压排风后、缓解充风后核对风压
6	撤除防溜	正驾驶	撤除防溜	副驾驶	撤除防溜	—	—	本务正驾驶同时通知尾部正驾驶
		副驾驶	防溜已撤	正驾驶	防溜已撤	—	—	副驾驶在铁鞋、人力制动机全部撤除后方可向正驾驶汇报，正驾驶设置警示牌
		尾部正驾驶	××车防溜已撤	本务正驾驶	××车防溜已撤，司机明白；撤除时间××时××分	尾部正驾驶	撤除时间××时××分	本务、尾部车互控，做好互控记录

表 10-2　调车作业呼唤应答标准

序号	呼唤时机及处所	呼唤		应答		复诵		注意事项及说明
		呼唤者	标准用语	应答者	标准用语	复诵者	标准用语	
1	接收调车计划后	正驾驶	确认经路	副驾驶	对照五色图	正驾驶	××道经(方向)过D×转至××道注意站界/大门/尽头线注意控速	切割正线、尽头线进行控速、停车位置、大门、越站调车等进行预想，并将调车计划转达补机乘务人员

续上表

<table>
<tr><th rowspan="2">序号</th><th rowspan="2">呼唤时机及处所</th><th colspan="2">呼　唤</th><th colspan="2">应　答</th><th colspan="2">复　诵</th><th rowspan="2">注意事项及说明</th></tr>
<tr><th>呼唤者</th><th>标准用语</th><th>应答者</th><th>标准用语</th><th>复诵者</th><th>标准用语</th></tr>
<tr><td>2</td><td>调车信号开放后</td><td>副驾驶</td><td>调车信号</td><td>正驾驶</td><td>白灯</td><td>副驾驶</td><td>白灯</td><td>第一架调车信号机在左侧:正驾驶探头手比、副驾驶剑指
第一架调车信号机在右侧:副驾驶探头手比、正驾驶剑指</td></tr>
<tr><td>3</td><td>调车作业动车前停车状态</td><td>副驾驶</td><td>进入调车</td><td>正驾驶</td><td>调车好了</td><td>副驾驶</td><td>调车好了</td><td>—</td></tr>
<tr><td>4</td><td>车辆已加载未起动前</td><td>副驾驶</td><td>单阀注意</td><td>正驾驶</td><td>制动缸压力0千帕</td><td>—</td><td>—</td><td>各补机车辆均需确认</td></tr>
<tr><td rowspan="2">5</td><td rowspan="2">起动后</td><td>副驾驶</td><td>前方注意</td><td>正驾驶</td><td>注意</td><td>副驾驶</td><td>后部好了</td><td>副驾驶确认后部无异常后呼唤</td></tr>
<tr><td>正驾驶</td><td>前方注意</td><td>副驾驶</td><td>注意</td><td>正驾驶</td><td>后部好了</td><td>正驾驶确认后部无异常后呼唤</td></tr>
<tr><td>6</td><td>调车走行中</td><td>副驾驶</td><td>道岔直(侧)向</td><td>正驾驶</td><td>直(侧)向</td><td>—</td><td>—</td><td>—</td></tr>
<tr><td>7</td><td>接近站界(土挡)时</td><td>副驾驶</td><td>注意站界(土挡)</td><td>正驾驶</td><td>严格控速</td><td>—</td><td>—</td><td>乘务人员必须对站界距离最外方调车信号长度、本车牵引长度、过标位置心中有数</td></tr>
<tr><td>8</td><td>停车后</td><td>副驾驶</td><td>停车保压</td><td>正驾驶</td><td>减压××千帕</td><td>—</td><td>—</td><td>确认自阀减压100 kPa以上</td></tr>
</table>

续上表

序号	呼唤时机及处所	呼唤		应答		复诵		注意事项及说明
		呼唤者	标准用语	应答者	标准用语	复诵者	标准用语	
9	需换端时	副驾驶	换端注意	正驾驶	制动缸压力××千帕	副驾驶	制动缸压力××千帕	确认制动缸压力不低于300 kPa，禁止本补机同时换端(适用于所有换端操作)
10	进入站内停稳后	副驾驶	退出调车	正驾驶	退出好了	—	—	GYK退出“调车作业”模式，进入目视模式
11	进入有停留车股道后	副驾驶	十车 五车 三车 停车	正驾驶	十车 五车 三车 停车	—	—	十车<17 km/h; 五车<12 km/h; 三车<7 km/h
12	连挂停留车时	副驾驶	防护信号	正驾驶	红灯(旗)停车	副驾驶	红灯(旗)停车	—
13	制动试验	副驾驶	制动试验	正驾驶	试验	—	—	—
		本务正驾驶	××车核对风压	尾部正驾驶	××车尾部风压××千帕	本务正驾驶	××车尾部风压××千帕，司机明白	自阀减压排风后、缓解充风后核对风压
14	设置防溜	正驾驶	设置防溜	副驾驶	设置防溜	—	—	本务正驾驶同时通知尾部正驾驶
		副驾驶	防溜已设	正驾驶	防溜已设	—	—	副驾驶在铁鞋、人力制动机全部设置后方可向正驾驶汇报
		尾部正驾驶	××车防溜已设	本务正驾驶	××车(尾部)防溜已设，司机明白；设置时间××时××分	尾部正驾驶	设置时间××时××分	—

表 10-3　站间封锁呼唤应答标准

序号	呼唤时机及处所	呼唤		应答		复诵		注意事项及说明
		呼唤者	标准用语	应答者	标准用语	复诵者	标准用语	
1	制动试验	副驾驶	制动试验	正驾驶	试验	—	—	—
		本务正驾驶	××车核对风压	尾部正驾驶	××车尾部风压××千帕	本务正驾驶	××车尾部风压××千帕，司机明白	自阀减压排风后、缓解充风后核对风压
2	调度命令下达前	副驾驶	输入参数	正驾驶	输入参数	—	—	正驾驶对照“施工及车辆运行计划表”预输GYK参数，副驾驶盯控
		正驾驶	核对参数	副驾驶	核对参数	—	—	正、副驾驶逐项核对GYK预输参数，核对完毕后呼唤核对状态
3	施工负责人传令后	正驾驶	确认凭证	副驾驶	确认凭证	—	—	施工负责人传达调度命令时正、副驾驶同步确认，确保预输封锁地点、施工里程与调度命令一致
		正驾驶	凭证正确	副驾驶	凭证正确	—	—	
4	按压确定后	正驾驶	××方向、对标灯点亮	副驾驶	××方向、对标灯点亮	—	—	正驾驶输入调度命令后返回主界面正副驾驶共同确认

续上表

序号	呼唤时机及处所	呼唤		应答		复诵		注意事项及说明
		呼唤者	标准用语	应答者	标准用语	复诵者	标准用语	
5	与车站确认命令，联控进路	正驾驶	××站××车收到××号调度命令，核对正确，请开通××道上××方向(区间)进路	车站值班员	××车××道上××方向(区间)进路好了	正驾驶	××车××道上××方向(区间)进路好了，司机明白	—
6	车辆已加载未起动前	副驾驶	单阀注意	正驾驶	制动缸压力0千帕	—	—	各补机车辆均需确认
7	起动后	副驾驶	前方注意	正驾驶	注意	副驾驶	后部好了	副驾驶确认后部无异常后呼唤
		正驾驶	前方注意	副驾驶	注意	正驾驶	后部好了	正驾驶确认后部无异常后呼唤
8	出站信号机	副驾驶	注意对标	正驾驶	对标好了	—	—	出站信号机位置按压开车键
9	道岔确认	副驾驶	道岔直(侧)向	正驾驶	直(侧)向	—	—	—
10	防护信号前	副驾驶	防护信号	正驾驶	红灯(旗)停车/黄灯(旗)减速	副驾驶	红灯(旗)停车/黄灯(旗)减速	—
11	通过导槽坑、人工清筛、换轨地段、桥涵架空等限速地段	副驾驶	注意控速	正驾驶	限速××千米每小时	副驾驶	限速××千米每小时	以施工负责人要求的限速值为准

续上表

序号	呼唤时机及处所	呼唤		应答		复诵		注意事项及说明
		呼唤者	标准用语	应答者	标准用语	复诵者	标准用语	
12	站间封锁由区间返回进站时	副驾驶	进站信号	正驾驶	停车确认	—	—	—
		副驾驶	站间封锁	正驾驶	信号无效	—	—	—
13	通过道岔前	副驾驶	道岔直(侧)向	正驾驶	直(侧)向	—	—	—
14	整组或第一钩进站后	副驾驶	站内停车	正驾驶	站内停车	—	—	—
15	停稳妥后	副驾驶	停车保压	正驾驶	减压××千帕	—	—	动车停车后均需执行,确保自阀减压100 kPa以上
16	后续车组返回站内	副驾驶	防护信号	正驾驶	红灯(旗)停车	副驾驶	红灯(旗)停车	—
17	车辆全部返回后	本务正驾驶	××站××车(组)全部返回站内××道	车站值班员	××车(组)全部返回站内××道,××站明白	—	—	根据实际情况,按车组负责人指示汇报车站

表 10-4 区间封锁呼唤应答标准

序号	呼唤时机及处所	呼唤		应答		复诵		注意事项及说明
		呼唤者	标准用语	应答者	标准用语	复诵者	标准用语	
1	制动试验	副驾驶	制动试验	正驾驶	试验	—	—	—
		本务正驾驶	××车核对风压	尾部正驾驶	××车尾部风压××千帕	本务正驾驶	××车尾部风压××千帕,司机明白	自阀减压排风后、缓解充风后核对风压

续上表

序号	呼唤时机及处所	呼唤		应答		复诵		注意事项及说明
		呼唤者	标准用语	应答者	标准用语	复诵者	标准用语	
2	调度命令下达前	副驾驶	输入参数	正驾驶	输入参数	—	—	正驾驶对照“施工及车辆运行计划表”预输GYK参数
		正驾驶	核对参数	副驾驶	核对参数	—	—	副驾驶逐项核对GYK预输参数，核对完毕后呼唤核对状态
3	接收调度命令后	副驾驶	确认凭证	正驾驶	确认凭证	—	—	区间封锁时，必须确保纸质命令交付乘务人员，正、副驾驶核对正确（同时使用对讲机向补机传达），输入调度命令号码、核对施工里程与调度命令一致
4	确认凭证正确后	本务正驾驶	各补机输入调度命令号××，其余不变	补机正驾驶	××输入调度命令号××，其余不变	—	—	如里程有变化时需核对修改
5	车机联控	正驾驶	××站××次收到××号调度命令，核对正确，请求发车	车站值班员	××次××站××道进路好了，××道发车	正驾驶	××次××站××道进路好了，××道发车，司机明白	—

续上表

序号	呼唤时机及处所	呼唤		应答		复诵		注意事项及说明
		呼唤者	标准用语	应答者	标准用语	复诵者	标准用语	
6	车辆已加载未起动前	副驾驶	单阀注意	正驾驶	制动缸压力0千帕	—	—	各补机车辆均需执行
7	起动后	副驾驶	前方注意	正驾驶	注意	副驾驶	后部好了	副驾驶确认后部无异常后呼唤
		正驾驶	前方注意	副驾驶	注意	正驾驶	后部好了	正驾驶确认后部无异常后呼唤
8	出站信号机	副驾驶	注意对标	正驾驶	对标好了	—	—	出站信号机位置按压开车键
9	到达防护地点前	副驾驶	防护信号	正驾驶	红灯(旗)停车	副驾驶	红灯(旗)停车	距离作业地点800 m处防护信号前一度停车,按施工负责人指示进行作业
10	通过导槽坑、人工清筛、换轨地段、桥涵架空等限速地段	副驾驶	注意控速	正驾驶	限速××千米每小时	副驾驶	限速××千米每小时	以施工负责人要求的限速值为准
11	停稳妥后	副驾驶	停车保压	正驾驶	减压××千帕	—	—	动车停车后均需执行,确保自阀减压100 kPa以上

续上表

序号	呼唤时机及处所	呼唤		应答		复诵		注意事项及说明
		呼唤者	标准用语	应答者	标准用语	复诵者	标准用语	
12	区间封锁由区间返回进站时	副驾驶	进站信号	正驾驶	停车确认	—	—	车机联控后呼唤执行
		正驾驶	黄灯，正线	副驾驶	黄灯，正线	—	—	停车后确认地面信号
			双黄灯（黄闪黄）侧线		双黄灯（黄闪黄）侧线	—	—	
			红灯，机外停车		红灯，机外停车	—	—	
13	进站后	副驾驶	站内停车	正驾驶	站内停车	—	—	—
14	站内停妥后	副驾驶	停车保压	正驾驶	减压××千帕	—	—	动车停车后均需执行，确保自阀减压100 kPa以上
		本务正驾驶	××站××次返回站内××道	车站值班员	××站××次返回站内××道	—	—	—

表 10-5　开行列车呼唤应答标准

序号	呼唤时机及处所	呼唤		应答		复诵		注意事项及说明
		呼唤者	标准用语	应答者	标准用语	复诵者	标准用语	
1	制动试验	副驾驶	制动试验	正驾驶	试验	—	—	
		本务正驾驶	××车核对风压	尾部正驾驶	××车尾部风压××千帕	本务正驾驶	××车尾部风压××千帕，司机明白	自阀减压排风后、缓解充风后核对风压

续上表

序号	呼唤时机及处所	呼唤		应答		复诵		注意事项及说明
		呼唤者	标准用语	应答者	标准用语	复诵者	标准用语	
2	参数输入	副驾驶	输入参数	正驾驶	交路号××、车站代码××、车次××、总重××、辆数××、计长××、限速××千米每小时、输入正确	—	—	输入参数时，正驾驶输入，副驾驶监控。核对参数时正、副驾驶共同核对
		正驾驶	核对参数	副驾驶	交路号××、车站代码××、车次××、总重××、辆数××、计长××、限速××千米每小时、核对正确	—	—	
		正驾驶	××方向，对标灯点亮	副驾驶	××方向，对标灯点亮	—	—	—
3	行车安全装备确认	副驾驶	确认行车安全装备	—	—	—	—	逐项确认呼唤
		正驾驶	GYK设置好了	副驾驶	设置好了	—	—	
		正驾驶	CIR设置好了	副驾驶	设置好了	—	—	
		正驾驶	机车信号设置好了	副驾驶	设置好了	—	—	

续上表

序号	呼唤时机及处所	呼唤		应答		复诵		注意事项及说明
		呼唤者	标准用语	应答者	标准用语	复诵者	标准用语	
4	出站信号开放	副驾驶	手柄前位	正驾驶	前位好了	副驾驶	前位好了	—
		副驾驶	出站信号(进路信号)	正驾驶	绿灯/绿黄灯/黄灯出站好了	副驾驶	绿灯/绿黄灯/黄灯出站好了	—
		副驾驶	机车信号	正驾驶	按信号显示呼唤,例如绿灯、绿黄灯等	副驾驶	按信号显示复诵	机车信号变化时呼唤(只呼唤确认信号显示)
5	车辆已加载未起动前	副驾驶	单阀注意	正驾驶	制动缸压力0千帕	—	—	各补机车辆均需执行
6	后部瞭望	副驾驶	前方注意	正驾驶	注意	副驾驶	后部好了	副驾驶确认后部无异常后呼唤
		正驾驶	前方注意	副驾驶	注意	正驾驶	后部好了	正驾驶确认后部无异常后呼唤
7	按压开车键	副驾驶	注意对标	正驾驶	对标好了	—	—	按压开车键后呼唤
8	监控显示列车运行限速由高变低	正驾驶	前方限速××千米每小时	副驾驶	注意控速	正驾驶	注意控速	—
9	列车运行至慢行地点标	副驾驶	慢行注意	正驾驶	限速××千米每小时	副驾驶	限速××千米每小时	—
	列车运行至慢行减速始端标	副驾驶	慢行开始	正驾驶	慢行开始	—	—	—
	慢行减速地点终端标	副驾驶	严守速度	正驾驶	严守速度	—	—	—
	越过减速地段终端标	副驾驶	慢行结束	正驾驶	慢行结束	—	—	—

续上表

序号	呼唤时机及处所	呼唤		应答		复诵		注意事项及说明
		呼唤者	标准用语	应答者	标准用语	复诵者	标准用语	
10	列车在通过信号机前	副驾驶	通过信号	正驾驶	绿灯	副驾驶	绿灯	绿灯只呼唤不手比
		副驾驶	通过信号	正驾驶	绿黄灯，注意运行	副驾驶	绿黄灯，注意运行	—
		副驾驶	通过信号	正驾驶	黄灯减速	副驾驶	黄灯减速	—
		副驾驶	通过信号	正驾驶	红灯停车	副驾驶	红灯停车	—
11	列车在整公里标或自动闭塞区段最后一架通过信号机处	副驾驶	确认车位	正驾驶	车位正确（校正好了）	—	—	人工校正后呼唤：校正好了
12	列车在进站（进路）信号机前	副驾驶	进站信号	正驾驶	绿灯，正线通过	副驾驶	绿灯，正线通过	—
		副驾驶	进站信号	正驾驶	绿黄灯，正线通过，注意运行	副驾驶	绿黄灯，正线通过，注意运行	—
		副驾驶	进站信号	正驾驶	黄灯，正线	副驾驶	黄灯，正线	—
		副驾驶	进站信号	正驾驶	双黄灯（黄闪黄）侧线	副驾驶	双黄灯（黄闪黄）侧线	—
		副驾驶	进站信号	正驾驶	红灯，机外停车	副驾驶	红灯，机外停车	—
		副驾驶	（进站）复示信号	正驾驶	直向（侧向）	副驾驶	直向（侧向）	只呼唤确认不手比

续上表

序号	呼唤时机及处所	呼唤		应答		复诵		注意事项及说明
		呼唤者	标准用语	应答者	标准用语	复诵者	标准用语	
13	列车在出站信号机前	副驾驶	出站信号	正驾驶	绿灯(绿黄灯、黄灯),出站好了	副驾驶	绿灯(绿黄灯、黄灯),出站好了	—
		副驾驶	出站信号	正驾驶	红灯,站内停车	副驾驶	红灯,站内停车	—
		副驾驶	(出站)复示信号	正驾驶	复示好了	副驾驶	复示好了	只呼唤确认不手比
14	半自动闭塞预告信号机	副驾驶	预告信号	正驾驶	预告好了	—	—	只呼唤确认不手比
		副驾驶	预告信号	正驾驶	注意信号	—	—	只呼唤确认不手比

第三篇　附　　则

第七十五条　本标准由西安局集团公司工务机械段负责解释。

附件：1. 自轮运转车辆乘务人员待乘制度

2. 自轮运转车辆随车资料

3. 轨道作业车检查重点

4. 大型养路机械检查重点

5. 调车作业安全辅助防护系统（GDK）使用维护方法

6. GYK 设备应急处置标准

7. GYK 设备运行揭示数据解除方法

8. GYK 设备解锁标准及要求

9. GYK 设备操作及模式选用标准

10. GYK 设备维护管理标准

11. GMS 系统操作方法及标准

12. 自轮运转车辆运用安全措施

13. 自轮运转车辆乘务人员标准化作业验收标准

附件 1

自轮运转车辆乘务人员待乘制度

1. 在 0:00～6:00 之间值乘的乘务人员，车间须根据生产实际合理安排临时工作，非必要情况下不得在 19:00 后安排或安排在 19:00 前无法完成的临时工作，确保乘务人员不少于 4 h 的卧床休息。

2. 在 0:00～6:00 之间值乘的乘务人员（工班长、指导司机除外）在 19:00 前将手机调至静音或关机，并停止一切娱乐活动待乘休息，工班长或指导司机检查确认，封锁点前 1 h 通知各乘务人员做开车准备工作。

3. 待乘期间，乘务人员不得锁闭宿营车、自轮运转车辆车门；禁止闲谈聊天或干与待乘无关的事情。

4. 工班长或指导司机加强对 19:00～23:00 间待乘的乘务人员休息情况进行检查，并认真填写“乘务人员待乘休息检查簿”（电子登记表），发现不按规定待乘的人员及时制止。

5. 段、车间管理人员对乘务人员待乘制度督促落实，对未按规定填写“乘务人员待乘休息检查簿”、违反待乘制度等情况严肃追责。

乘务人员待乘休息检查簿

待乘日期	正驾驶	副驾驶	车号	待乘时间	检查巡视情况	检查人
×月×日				×时×分		
…				…		
管理人员检查情况：						
检查人： 职务：		检查时间：			部门：	

附件 2

自轮运转车辆随车资料

1. 有关行车安全的有效规章及文电。

2.“年检合格证”或“局管内施工运行证明”。

3. 车轴探伤、车钩探伤和制动部件校验合格证(或记录)。

4. 使用保养说明书、作业指导书。

5. GYK、CIR 和其他车载设备的使用操作手册、检测合格证。

6. 乘务人员的 L1 类、L2 类、L3 类“铁路机车车辆驾驶证”及记载年度鉴定信息的“铁路岗位培训电子证书”。持有 L1 类、L2 类、L3 类机车车辆驾驶证“理论考试合格证明”的副驾驶人员,应携带相应的“理论考试合格证明”。

7. 值乘区段操纵、调车示意图或“五色图”。

8.“轨道作业车工作日志”“大型养路机械运行日志”。

9. 运行揭示数据载入记录。

10. 汛期防洪地点一览表(汛期)。

附件 3

轨道作业车检查重点

1. 发动机部分

(1)机体外观:机体表面清洁,各表面无油污、积垢,无漏油、漏水、漏电现象;各部联结螺栓齐全、紧固,无明显缺陷。

(2)起动性能:冷热车起动性能良好,起动成功次数小于等于 3 次;起动机作用良好。

(3)发动机工作状态:运转正常,无异响;各种转速下运转稳定,不振动,中途不熄火;转速变换灵活,烟色正常。

(4)冷却系统:冷却液温度符合规定;液位高度符合要求,各部无漏泄;水泵工作良好;散热器无缺损渗漏;风扇运转平稳,无异响、不抖动,风扇叶片无裂纹;皮带松紧度适宜,以 20～50 N 的力按压,其挠度为 10～20 mm。

(5)润滑系统:机油油量在油尺规定刻度内,油质符合要求;压力符合相应技术要求。

(6)空压机:工作无异响;机体表面清洁,无漏油漏风;润滑油量符合标准;皮带张力符合规定,以 20～50 N 的力按压,其挠度为 20～30 mm。

(7)辅助部分:各仪表显示正常,按规定进行校验;各开关作用灵活、指示灯良好。

2. 传动系统

(1)离合器:分离彻底,结合平稳,无发抖、打滑、异响;分离杠杆无卡滞;自由行程符合相应技术要求。

(2)变速箱、换向箱、车轴齿轮箱、分动齿轮箱:工作正常、操纵灵活，不脱挡、乱挡，无漏油，齿轮啮合平稳，无异响。

(3)液力变速箱：液力变速箱及附件工作正常，油温符合说明书的规定，换挡、换向、工况转换机构动作准确。

(4)主发电机、牵引电机及附件：工作正常，无异响、异味、温度报警，绝缘电阻符合说明书规定，各紧固螺栓无松动；主发电机输出电压在说明书规定范围内，牵引电机温升正常。

(5)牵引、辅助变流系统：工作正常，无故障报警，风机运转正常；各元器件无烧损、裂痕和变形，各金属部件无锈蚀、紧固螺栓无松动；电缆及铜排护套无破损。

(6)传动轴：传动轴转动平稳，无裂纹、变形，平衡块无缺失，万向节润滑充分，转动无异响。联结螺栓、螺母应符合厂家规定的规格型号及强度等级。连接法兰的贴合面不得有涂层、锈蚀和平面变形等影响法兰面贴合的情况。

(7)各保护装置：传动系统保护装置及附件齐全，固定可靠。

(8)车钩及缓冲装置：车钩、缓冲器安装牢固，各部无裂纹；车钩钩舌转动灵活，“三态”作用良好；钩舌销无弯曲、开口销作用良好；钩锁铁无过量磨损；牵引销无变形、无过量磨损；车钩各部尺寸符合标准：车钩中心水平线距轨面高度845～890 mm，且同一车辆两车钩中心水平线高差不大于10 mm；车钩开度：闭锁位 110～130 mm，全开位为 220～250 mm。

3. 制动系统

(1)基础制动：各连接处润滑良好，无松旷、无过量磨损；各安全托铁、销轴、螺栓齐全，无变形、无裂纹，作用良好；闸瓦与车轮踏面接触无偏斜，采用杠杆制动时（其余制动方式闸瓦、闸片间隙应符合说明书的规定），缓解后，稍加外力闸瓦应张开，闸瓦中部与车轮踏面应有 1～10 mm 的间隙。闸瓦剩余厚度：高磷闸瓦大于等于 17 mm，合成闸瓦和粉末冶金闸瓦大于等于 14 mm；各型制动缸活塞行程符合规定。采用盘形制动时，闸片与制动盘间隙符合说明书规定，闸片磨耗应符合说明书规定，弹簧停车制动器及手动缓解机构动作正常。

（2）空气制动：制动管减压 50 kPa 时，能产生制动，且在制动保压状态下制动主管的压力 1 min 内漏泄不得超过 20 kPa；制动管定压 500 kPa，制动管减压 140 kPa（170 kPa）时不产生紧急制动；自动制动阀置于紧急制动位，制动主管风压应在 3 s 内减至 0 kPa，制动机须产生紧急制动作用。

（3）各制动部件：检查制动阀件（每年校验一次）、风压表（每半年校验一次）、制动软管水压试验合格（每半年校验一次）。

（4）各风缸、油水分离器：安装稳固，无积水、无油污；排水阀灵活。

（5）制动缸：制动缸无漏泄，缓解弹簧作用良好；活塞杆无变形。

（6）人力制动机：制动正常、缓解无卡滞，机座无开焊，人力制动机链润滑良好无断股，无松脱。

4. 轮对及走行系统

（1）轮对：车轮无裂纹，踏面擦伤深度不超过有关规定，车轮轮辋厚度不小于 23 mm，在距轮缘顶点 15 mm 处测量轮缘厚度不小于 23 mm；车轮踏面擦伤深度不大于 1 mm，车轮踏面剥离长度一处不大于 40 mm，两处时不大于 30 mm。

(2)轮轴：轮轴压装部位结合良好，无松动，无透锈，轮轴弛缓线无错位。

(3)轴箱：车轴轴箱无裂纹，运行时轴承部位温升不超过55 K，最高温度不超过 90 ℃，无漏油现象。

(4)减振弹簧：无裂纹，无明显锈蚀，匝间无压死，作用可靠；液压减振器作用可靠。

(5)轴箱拉杆：与拉杆座的连接牢固，防松可靠，轴箱拉杆的橡胶件无破损，轴箱侧挡板与构架之间间隙符合说明书的规定。

(6)牵引拉杆：牵引座无裂纹、无开焊；各拉杆、拐臂无变形；各销油嘴齐全，润滑良好牵引连接机构连接可靠，机构内部的尼龙件无破损。

(7)旁承装置：橡胶减振块无破损，下旁承体与转向架连接可靠，润滑油无泄漏，液压减振器作用可靠。

(8)车架、转向架：车架与转向架钢结构部分及焊接件无裂纹、开焊、明显变形和严重锈蚀。

(9)车体、排障器：车体无裂纹、无开焊、无明显变形、无锈蚀；门窗玻璃清洁、无破损，标志符合要求；排障器安装牢固，无明显变形，距轨面高 90～130 mm。

(10)限界：各下垂件距轨面高度大于等于 60 mm。

5. 电气系统

(1)发动机：安装、接线牢固；启动灵活，啮合正常，无空转及打滑现象。

(2)发电机：安装、接线牢固；电压、电流符合规定；皮带松紧适宜。

(3)蓄电池：蓄电池接线柱无氧化、无腐蚀，电解液无泄漏，各连接件紧固；外表清洁、气孔畅通。

（4）照明、仪表、刮雨器：头灯、标志灯及室内照明灯具齐全、作用良好；各仪表、刮雨器工作正常。

（5）开关、断路器及指示灯：各电气线路布置整齐，包扎牢固，线芯无外露，接点无松动，绝缘良好；各空气开关在闭合位（熔断器无开路），作用良好；指示灯完好，指示正确。

6. 行车安全装备

（1）GYK 设备：主机及两端显示器安装牢固，各接线无松动，运用状态良好。

（2）CIR 设备：主机及显示终端安装牢固，各接线无松动，运用状态良好。

（3）音视频监控装置：主机通电正常开关机，两端显示器画面清晰，运用状态良好。

（4）轴温监测装置：主机通电能够正常开关机，两端显示器的显示画面清晰，无轴温探头脱落和松动。

附件 4

大型养路机械检查重点

1. 电气系统

(1)常规检查:所有电磁阀、行程开关、感应开关和各种测量传感器等的接插部件接触牢固,无松动。机车信号接收线圈固定良好,接收线圈最低部分距钢轨轨面为(155±5) mm,其中心与钢轨中心的偏差为±5 mm。监控装置传感器及电磁阀固定良好,截止阀开启。车辆无超载超限、无偏载现象。电器箱固定良好,箱盖锁闭。

(2)启动性能检查:冷热状态下,启动次数不超过 2 次。柴油机启动前,蓄电池电压应不低于 20 V。柴油机启动后,蓄电池电压为 24～28 V。柴油机启动后,发动机转速升降迅速、平稳,无异常冲击、振动或敲击声,预热启动功能有效、可靠,启动限制功能正常。各照明、指示装置,报警显示装置,通话系统应工作正常,各仪表显示正确。前后大灯、标志灯、制动灯、照明灯、警灯等安装牢固,显示正确。各箱体与车体固定牢固,线束连接安全可靠。电喇叭、电动雨刮工作正常。

(3)功能检查:检查柴油机启动、调速及停机功能正常。液力机械变速箱换挡功能正常。检查前、驾驶室制动灯、紧急停机和辅助制动工作正常。

(4)行车安全装备试验:检查机车综合无线通信设备、轨道车运行控制设备和机车信号性能良好。

(5)其他检查内容:检查柴油发电机组工作正常。安全起复器用品、安全防护备品齐全有效,状态良好。

2. 液压系统

检查液压油箱油位应在限度范围以内，油液不足时应用滤芯精度不低于 10 μm 的滤油机给油箱补充同一厂家相同牌号的液压油。各油管、接头及油缸泄漏时，应紧固或更换，管路的管卡应安装牢固，缺损时补齐，有损伤、老化、龟裂及磨耗严重时应更换。

3. 气动系统

检查气动系统压力、压力表显示正常，各管路、气动元件等有无漏泄。检查气锁气动控制装置的状况应正常。气动系统储风缸固定可靠，操作储风缸、集尘器截止阀排水、排尘。检查风喇叭工作正常。

4. 车钩缓冲装置

车钩三态(闭锁、开锁、全开状态)检查：车钩表面完好，无裂纹。车钩与钩舌摆动灵活。钩舌销和钩尾销安全螺栓、开口销完好，无缺失。车钩缓冲器状态正常。车钩在闭锁位置时，向上托起钩锁铁，其活动量为 3～12 mm，钩锁铁防跳性能良好。车钩在开锁位时，钩提杆无抗劲。车钩在全开位时，开度尺寸符合检修限度要求。运用中的车钩中心水平线距钢轨顶面高度为 815～890 mm，相互连挂的两车钩中心水平线最大高度差不超过 75 mm，同一辆车前、后车钩中心线高度差不超过 10 mm，车钩三态作用良好。

5. 制动系统

(1)检查空气压缩机工作正常、压力表显示正确，总风压力应为 600～700 kPa。空气干燥器工作正常。制动软管完好有效，无裂纹、无漏风，处于有效期内，折角塞门作用状态良好。

(2)手制动机各部润滑良好，手轮回转灵活，手制动作用正常。基础制动装置各连接销、开口销、油嘴完好，制动杠杆和制动梁无损伤和变形，上、下拉杆的调整螺母锁定可靠。

(3)轮对检查：轮箍、轮毂、辐板、轮辋无裂纹，轮缘厚度不小于 23 mm，轮辋不小于 23 mm，内测距为(1 353±3) mm，车轮踏面擦伤深度不大于 1 mm，车轮踏面剥离长度一处不大于 40 mm，两处时不大于 30 mm。

(4)闸瓦检查：闸瓦与车轮踏面间隙为 5～10 mm，闸瓦厚度不小于 12 mm，闸瓦无裂纹、无严重偏磨，闸瓦间隙均匀且符合规定要求。

(5)转向架检查：转向架构架无裂纹、缺损，各处焊缝无开焊、变形等现象。液压减振器固定良好，无漏油。减振弹簧状态良好。拉紧油缸处于泄荷状态。车轴齿轮箱悬挂装置状态良好。转向架基础制动装置各连接销、开口销完好，无缺失。制动梁完好，各处焊缝无开焊。闸瓦托、闸瓦钎完好，闸瓦间隙符合使用保养要求，磨损不超限，无严重偏磨。

6. 动力传动系统

(1)传动轴检查：传动轴转动无异常，各部位表面有裂纹、变形及传动轴平衡块缺失时，应更换传动轴总成。检查传动轴各联结螺栓、螺母应紧固牢靠，防松装置应作用良好。传动轴防护装置联结螺栓、螺母应紧固牢靠。防护装置有裂纹时，应焊补修复。柴油机每运转 100 h，应向各传动轴的万向节头加注润滑脂。

(2)各齿轮箱(包括泵驱动齿轮箱、分动箱、车轴齿轮箱、过桥轴箱，下同)箱体无裂纹、漏油现象，联结螺栓紧固良好。泵驱动齿轮箱安装固定螺栓(M16)如需要更换，强度等级选用10.9级。

(3)各齿轮箱运转无异响,每次运行停止时,检查其表面温度应符合规定要求。

(4)各齿轮箱连接法兰无裂纹、松动。

(5)各齿轮箱油位不足时,按规定补油。

(6)液力机械变速箱末级离合器、液压马达离合器的脱、挂动作应灵活、可靠,作用良好。

7. 柴油机、液力机械变速箱:

(1)检查柴油机润滑油油位符合规定要求,柴油箱油量充足。

(2)检查空气、燃油及机油滤清器密封、紧固正常,每周清洗一次燃油粗滤器,更换失效或损坏的滤清器。排除空气滤清器集尘,出现堵塞报警应吹尘。

(3)检查皮带张紧度符合规定要求:发动机冷却液充足。用大拇指以20～50 N的力按压冷却风扇皮带,皮带松紧度为10～15 mm,皮带松紧度适中,无裂纹。

(4)柴油机、液力机械变速箱各部位螺栓按要求紧固,各管路无漏油。

(5)柴油机、液力机械变速箱的油压、温度指示正常,控制线束无磨损、老化、龟裂。

(6)检查液力机械变速箱油位,运转时无异响。

8. 走行系统

(1)转向架构架无裂纹、缺损,各处焊缝无开焊现象。

(2)对轮对进行外观检查,车轮踏面擦伤、裂纹、剥离、掉块不超限。

(3)轴箱悬挂装置检查:轴箱体无裂纹,轴承无漏油。轴箱工作时无异响，轴箱工作温度正常。轴箱盖无翘曲及裂纹，紧固螺栓无松动。螺旋钢弹簧无裂纹、折损。金属橡胶弹簧作用正常。油压减振器无漏油、异常噪声和卡死现象。

(4)芯盘、中心销工作无异响，旁承无异常。

(5)车轴齿轮箱检查：联结螺栓、放油螺塞等应紧固。放油螺塞密封良好。每周检查油位，不足时，按规定补油。每运转 50 h，向端盖上的油嘴加注润滑脂。液压马达、感应开关、电磁阀等工作正常，液压部分无泄漏。脱、挂挡机构动作灵活、可靠，指示正确，作用良好，感应开关、行程开关和其附架安装牢固、无位移。运转平稳、无异响，箱体各接合面处无渗油、漏油现象。每次运行停止时，轴承部位箱体表面温度不超过规定要求。

9. 捣固装置

捣固装置油箱润滑油油位不足时，按规定添加润滑油至油标刻线范围。液压马达、油缸和管接头等液压元件应密封良好，无泄漏。检查捣固装置锁定灵活、可靠，导向柱、横移导向杆安装螺栓齐全、固定可靠，捣固深度传感器固定可靠。检查偏心轴轴盖有无松动及轴承有无异响。

10. 稳定装置

激振轴法兰连接处应无漏油，激振器传动轴连接无松动，各工作装置安全链拴挂有效。

11. 夯实、起拨道装置

(1)夯实装置检查：连接销、开口销、垫圈、螺母等完整无缺，各处紧固良好。结构件无明显变形、裂纹。锁定机构灵活可靠、工作正常。

(2)起拨道装置检查：连接销、开口销、螺母、垫圈、油嘴等应完整无缺，紧固良好。结构件无明显变形、裂纹。与主车架铰接点灵活，摆动无卡滞。检查锁定钩无裂纹。弹性连接橡胶弹簧有损坏或严重老化需更换。各关节轴承、滚动轴承等润滑良好，各工作装置安全链拴挂有效。

12. 工作小车

工作小车构架无明显变形、裂纹、开焊。各连接销、开口销、螺母、垫圈、油嘴等应完整无缺，紧固良好。工作小车悬挂处及上、下支撑油缸滚轮无裂纹、磨损及损坏，磨耗板固定螺栓无缺失。工作小车横向、纵向锁紧工作正常，限位和感应开关动作灵敏、准确，各工作装置安全链拴挂有效。

附件 5

调车作业安全辅助防护系统(GDK)使用维护方法

第一条 GDK 是调车作业安全防护的辅助设备,是用于防止自轮运转车辆在出(入)库、调车转线、连挂等作业中,发生越过关闭调车信号机、越出站界、撞车挡、碰轧脱轨器等事故的重要安全辅助防护设备。

第二条 GDK 由车载设备和地面设备两部分组成。地面设备包括卫星地基参考站和运算服务器、BDS 差分服务器等,负责为车载设备提供定位信号,运算生成自轮运转车辆调车防护信息。车载设备由车载主机、车顶天线、车载显示终端等组成,借助地面设备获取调车防护信息,由显示终端进行显示、报警和防护。

第三条 出(入)库、调车作业中 GDK 须全程运转,不得擅自关机和变相解除 GDK 控制功能。GDK 故障影响作业时,乘务人员应断开 GDK 空开或关闭车载主机电源。

第四条 使用 GDK 时,乘务人员须以地面信号显示、设备设施位置和标志为操作自轮运转车辆的依据和标准。

第五条 GDK 使用方法:

1. 开关机:日常使用时可将系统空开和车载主机开关放置于闭合位,无需关闭。因特殊原因需关闭主机电源时,关闭空开或主机电源开关,如附图 5-1～附图 5-3 所示。

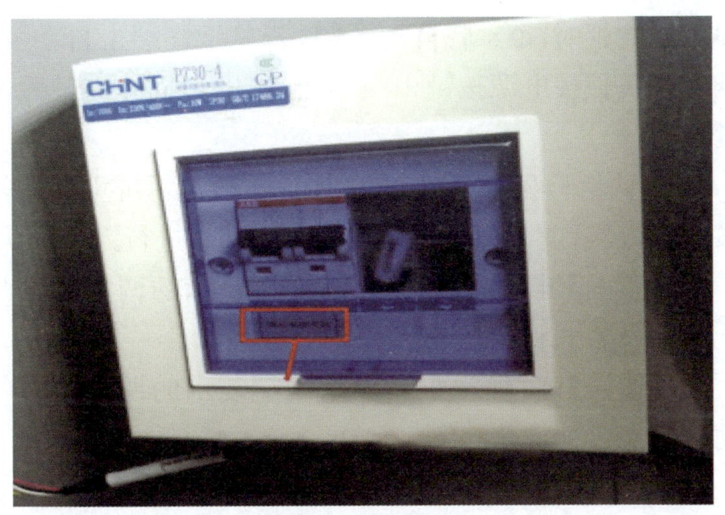

附图 5-1　独立空开

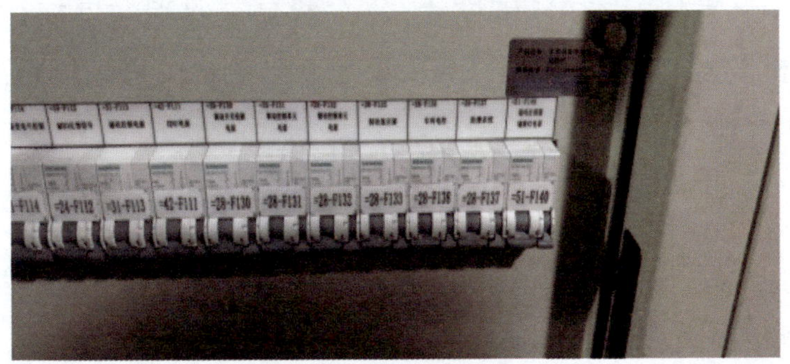

附图 5-2　非独立空开

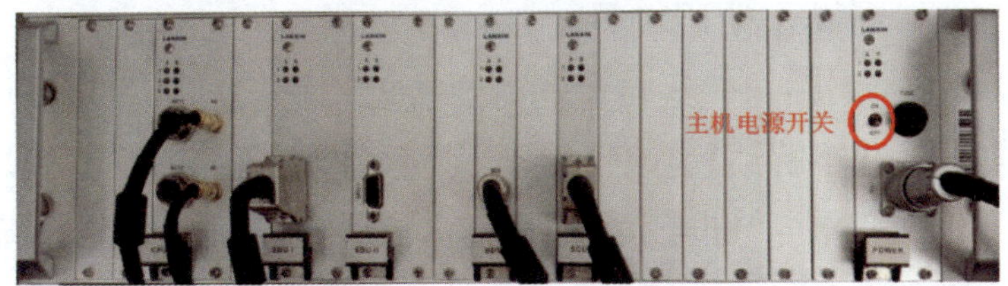

附图 5-3　主机电源开关

车载显示终端具备自动开关机功能，自轮运转车辆断电后显示终端延时 30 s 后自动关闭,若显示终端未自动关闭,需乘务人员长按电源按键 10 s 以上关闭,以防止电池亏电无法开机。

2. 确认信号显示:乘务人员通过按压显示屏上的信号确认按钮,对运行前方信号机开放和关闭状态进行人工确认。

(1)【正确】键:确认车载显示终端复示的调车信号与实际地面信号名称和状态一致。

(2)【错误】键:确认车载显示终端复示的调车信号与实际地面信号名称或状态不一致。

目标终点名称与实际一致,但信号状态不一致时须单击【错误】键。目标终点名称与实际不一致时,单击车载显示终端【本务】键切换至补机模式,等车载显示终端清屏后,单击【补机】键切换至本务模式,GDK 重新计算最大可运行距离。

3. 解锁操作:

(1)单击【解锁】键,出现“小解锁”和“大解锁”两个选项。

(2)单击【小解锁】键后,直接进入小解锁模式。

(3)单击【大解锁】键后弹出解锁确认对话框,需要单击该解锁框内的“是”进行二次确认后,进入大解锁模式。

停车后方可进行大解锁操作。

4. 解锁操作使用场景:

(1)小解锁:自轮运转车辆需要接近禁止信号至 20 m 以内,则需单击解【小解锁】键,绝对停车点将延伸至车挡前 0 m 处。

(2)大解锁:单击【大解锁】键并二次确认后,调防系统可以允许越过前方禁止信号。

需采取大解锁越过关闭的信号机或越过绝对停车点时,乘务人员必须取得规定的凭证或通知,与车站联控确认后方可操作。

第六条 GDK 故障处置

GDK 为调车辅助防护系统，设备故障后不影响正常的列车和调车作业。乘务人员需按照下列情况进行故障处置，同时将故障信息通知相关维护人员，尽快恢复设备正常使用。GDK 的设备工作状态可以通过查询界面中的“状态维护”进行查看。状态维护界面正常状态如附图 5-4 所示。

附图 5-4 状态维护界面

1. 车载主机不上电：当车载显示终端黑屏时，需查看车载主机面板指示灯状态，如果车载主机指示灯不亮，则属于车载主机未上电。

处理方法：

(1)检查自轮运转车辆蓄电池闸刀位置→检查 GDK 空开状态→检查 GDK 车载主机开关状态→检查 GDK 车载主机保险管→检查 GDK 电源线缆连接状况。

(2)检查自轮运转车辆供电电压是否正常。

(3)如仍未检查出故障点，可能是由于电源插板故障，电话联系维护人员处理。

2. 显示屏通信超时:维护界面中显示屏Ⅰ或显示屏Ⅱ显示“通信超时”或系统运用过程中,显示屏出现运行状态标志,停止旋转、死机、花屏、反复断电重启、不能自动关机。

处理方法:

(1)长按显示屏顶部的电源按键,待屏幕关闭后,再长按电源按键进行开启,系统恢复正常。

(2)当显示屏故障无法修复时,可将另一端显示屏拆卸,用于更换故障端显示屏。

当显示屏故障时,须立即重启。

3. 网络模块通信超时:维护界面中网络模块Ⅰ或网络模块Ⅱ显示“通信超时”或系统运用过程中,车载显示终端 SIM 卡强度显示为无信号状态。

处理方法:

(1)电信、联通运营商小范围内网络无覆盖,自轮运转车辆驶出信号盲区后自动恢复。

(2)长时间无信号,取下 CPU 插板,将 SIM 卡取下后擦拭表面氧化物后重新插入 CPU,恢复上电后重新观察。

两个卡槽内的 SIM 卡不能对调,否则会被锁定,无法通信。

4. TAX 数据异常报警:维护界面 TAX 状态显示“TAX 数据异常”,或是系统运用过程中,车载显示终端中部上方弹出报警窗口,显示“TAX 数据异常”。

处理方法:

(1)查看 GYK、公共数据箱是否开机。

(2)查看车载主机 SCU 插板线缆连接是否正常,无松动情况。

5. 服务超时:维护界面中“定位服务”、“业务服务”、“维护服务”单项或多项显示“通信超时”。

处理方法：

(1)车载主机启机过程中或网络模块Ⅰ、Ⅱ都显示“通信超时”的情况下，“定位服务”、“业务服务”、“维护服务”会显示“通信超时”。此时，待网络模块Ⅰ、Ⅱ通信正常后，服务恢复。

(2)网络模块Ⅰ、Ⅱ通信正常，服务显示“通信超时”，电话联系客服进一步确认原因。

6. 定位状态未定位：维护界面中“定位状态”显示“未定位”或车载显示终端定位状态长时间显示为“非高精”。

处理方法：

(1)查看当前位置是否处于库内、桥梁、风雨棚下等遮挡物下方，或在隧道中运行，此时车载设备无法接收卫星定位信号，显示“未定位”为正常状态，待自轮运转车辆驶出遮挡区域后再重新观察。

(2)自轮运转车辆行驶或停靠在空旷的区域内，定位状态仍长时间显示为“未定位”，尝试重启车载主机电源开关或空开，等待系统完成“系统自检”、“正在请求服务”操作后，系统恢复正常。

定位功能异常会造成GDK无法正常进入防护模式。

7. 距离误差时：当系统处于长时间非高精状态时，会造成GDK车载显示终端上显示的距离与实际距离存在偏差。

处理方法：

定位状态长时间显示为“非高精”，重启车载主机电源开关或空开，等待系统完成“系统自检”、“正在请求服务”操作后，系统恢复正常。

第七条　车载设备运用前，需要对设备状态和外观进行检查。

(1)日常检查：

①开车前检查车载显示终端无异常提示、可进行正常操作。

②确认网络通信状态显示连接正常，系统时间显示正确。

③出风雨棚后定位正常。

(2)整备检查：

①检查车载主机和线缆连接稳固、无破损。

②检查车载显示终端无异常提示、可进行正常操作，显示屏外观完好无破损。

附件 6

GYK 设备应急处置标准

第一条 GYK 公里标与地面显示不一致时校正方法：

1.【自动校正】键的使用：运行过程中，自轮运转车辆 GYK 公里标与实际存在误差，且误差在正负 500 m 以内时，可以在下一个地面整千米标处按压【自动校正】键对标，消除误差（自动校正功能四舍五入，公里标取整公里）。

例如：自轮运转车辆开上行列车运行至某站 K1180 公里标时，如 GYK 公里标为 K1180＋400，此时按压【自动校正】键，公里标校正至 K1180＋000；如 GYK 公里标为 K1180＋501，此时按压【自动校正】键，公里标校正至 K1181＋000。

2.【车位】键＋【向前】键使用：该组合键需先后按压，将 GYK 公里标调整到前方千米标处。

3.【车位】键＋【向后】键使用：该组合键需先后按压，杭州创联 GYK 设备如果和后方千米标距离小于 100 m，使用后将公里标校正至后方第二个千米标，如果大于 100 m，调整至后方千米标；西铁电子 GYK 设备如果和后方千米标距离小于 50 m，使用后将公里标校正至后方第二个千米标，如果大于 50 m，调整至后方千米标。

例如：自轮运转车辆安装杭州创联 GYK 设备，开上行列车运行至某站 K1180 公里标时，如 GYK 公里标为 K1180＋098，此时按压【车位】键＋【向后】键，公里标校正至 K1181＋000；如 GYK 公里标为 K1180＋101，此时按压【车位】键＋【向后】键，公里标校正至 K1180＋000。

4.【定标】键使用：在自闭区段，距离最后一架通过信号机 300 m 时，GYK 发出语音提示“前方信号机，注意对标”，到达该信号机位置时按压【定标】键，校正到当前位置。

5.【公里标】键使用：修改当前公里标和趋势。已经调用 GYK 基本数据时，不能修改公里标趋势。

第二条　车站代码误输导致调取 GYK 基本数据错误时：

（一）自动闭塞区间

1. 收到绿灯、绿黄灯、黄灯等允许信号可以在实际速度 60 km/h 以下进行参数修改。

2. 收到双黄灯信号可以在实际速度 30 km/h 以下进行参数修改。

3. 收到停车信号必须在停车后才能进行参数修改。

4. 修改参数按压【开车】键后，使用【车位】键＋【向前】/【向后】键与【自动校正】键相结合的方法将公里标校正正确。

（二）半自动闭塞区间

半自动闭塞区间误输车站代码调取 GYK 基本数据错误时，因出站后监控信号显示白灯，重新调取基本数据后限速曲线闭口，需使用“地面信号确认”功能与半自动闭塞区段【出站】键和【解锁】键操作相结合的方法应急处置。

1. 区间停车后，调取后方站正确的车站代码，按压【开车】键后限速曲线闭口。

2. 进入“非正常行车”模式，使用“地面信号确认”功能使 GYK 限速曲线开口后动车。

3. 使用【出站】键和【解锁】键，恢复 GYK 限速，再使用【车位】键＋【向前】键与【自动校正】键相结合的方法以地面公里标为依据将监控位置校正正确。

例如：自轮运转车辆开行列车从宝成线（半自动闭塞）凤县站开车，车站代码误输为宝中线娘娘庙站，运行至区间应急处置方法如下：

（1）采取停车措施，如附图 6-1 所示。

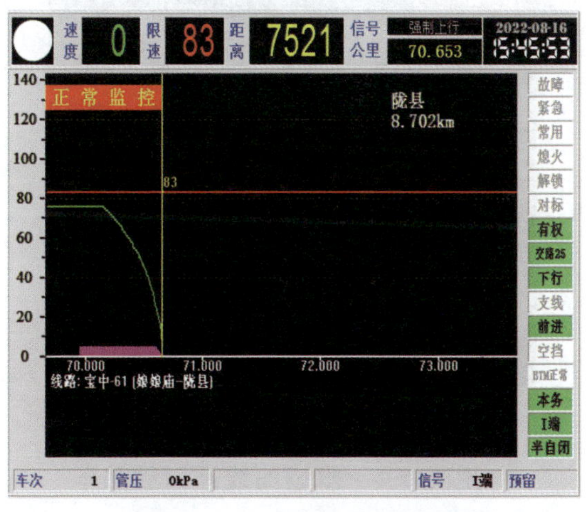

附图 6-1　采取停车措施

（2）调取凤县站基本数据后监控限速封口，如附图 6-2、附图 6-3 所示。

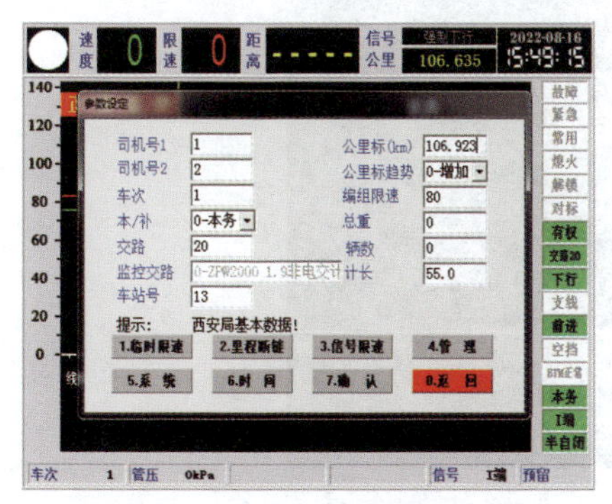

附图 6-2　调取基本数据

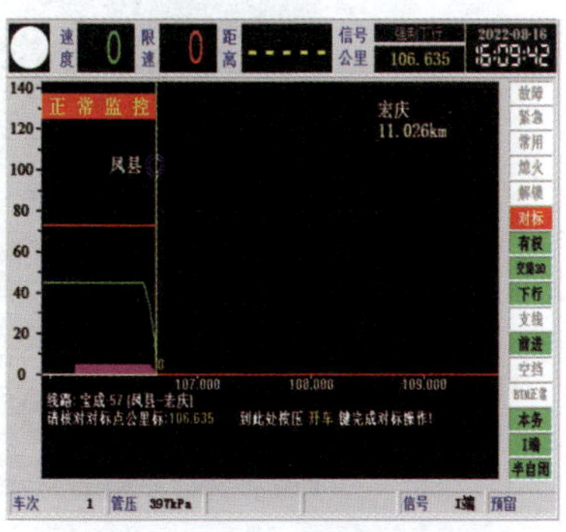

附图 6-3　监控限速封口

(3)GYK 限速曲线闭口，使用“地面信号确认”模式使限速曲线开口后动车，如附图 6-4 所示。

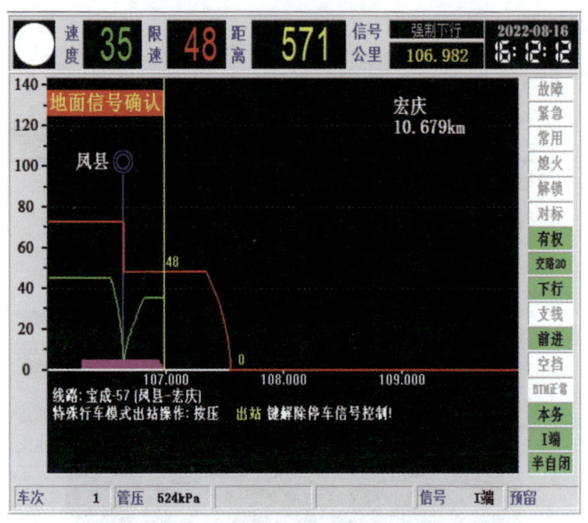

附图 6-4　限速曲线开口后动车

(4)出站后按压开车键，监控恢复限速，如附图 6-5 所示。

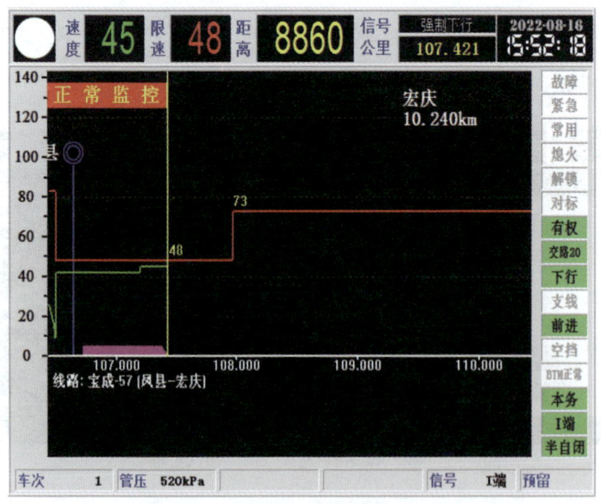

附图 6-5　监控恢复限速

(5)按照半自动闭塞出站操作方法，按压【出站】键、【解锁】键恢复 GYK 限速，再使用【车位】键+【向前】键与【自动校正】键功能相结合的方法将车位校正正确。

第三条 多方向支线漏选、错选导致 GYK 基本数据错误时：

1. 第一种方法：使用【车位】键+【向后】键功能或使用【公里标】键功能调整公里标至选择支线地点，调出支线选择窗口重新进行选择。如需返回主线，调出支线选择窗口选择 0。再使用【车位】键+【向前】键与【自动校正】键相结合的方法以地面公里标为依据将监控位置校正正确。

例如：自轮运转车辆开行列车经旬阳去旬阳北方向，错过支线选择时机，监控错误去棕溪方向，应急处置方法如下：

(1)提示支线选择信息，如附图 6-6 所示。

(2)未选择支线监控错误，如附图 6-7 所示。

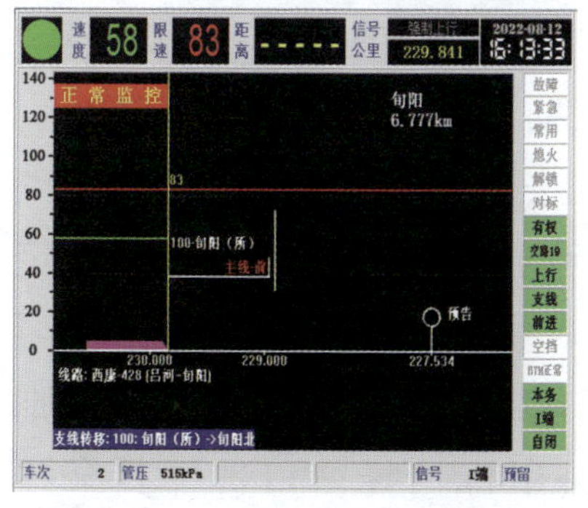

附图 6-6　提示支线选择信息

附图 6-7　未选择支线监控错误

(3)向后调整车位重新调出支线选择窗口，如附图 6-8 所示。

(4)输入正确的支线代码，监控正确，如附图 6-9 所示。

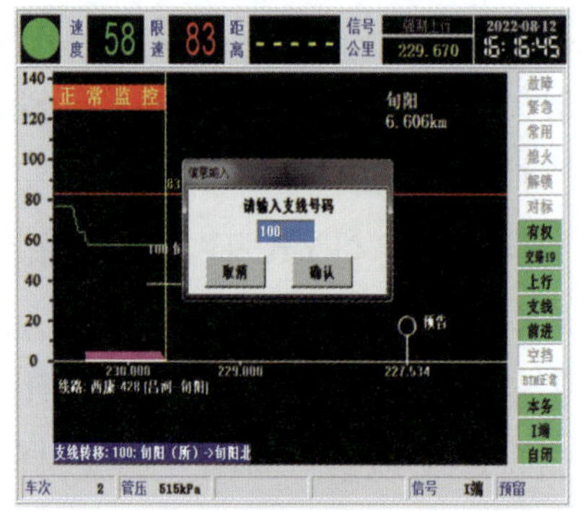

附图 6-8　重新调出支线选择窗口

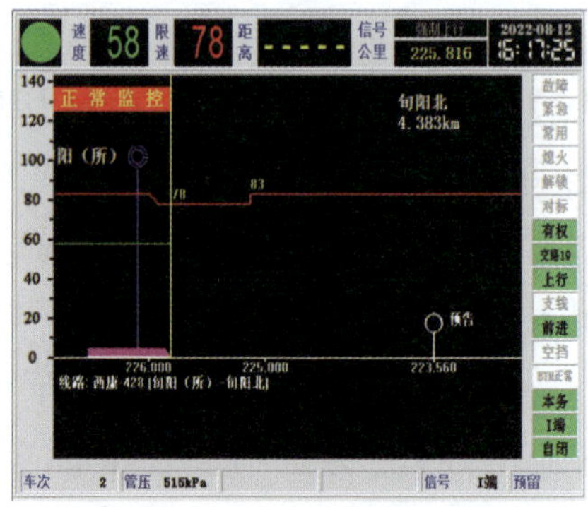

附图 6-9　输入正确的支线代码

(5)最后使用【车位】键+【向前】键与【自动校正】键相结合的方法将监控位置校正正确。

2. 第二种方法:如上述方法未调出选择支线地点后,控制速度,输入选择支线地点后方车站代码重新调取数据,使用【车位】键+【向前】键将公里标调整至支线选择地点输入正确支线代码,再使用【车位】键+【向前】键与【自动校正】键相结合的方法以地面公里标为依据将公里标位置校正正确。

第四条　重复公里标选择方法:

1. 在参数输入公里标时如弹出公里标选择窗口,选定对应的线路号按压【确定】键进入主界面后,再按压【开车】键,查看主界面监控是否与实际运行径路相符,如不相符则重新进入设定界面再调出重复公里标选择窗口选择其余线路号,如相符则按压【正常】键选择同样的线路号激活对标功能。

例如:自轮运转车辆从西安动车段开行列车去三桥方向,重复公里标选择方法如下。

(1)输入公里标时弹出重复公里标选择窗口,选择 1,如附图 6-10 所示。

(2)按压开车键后监控错误,如附图 6-11 所示。

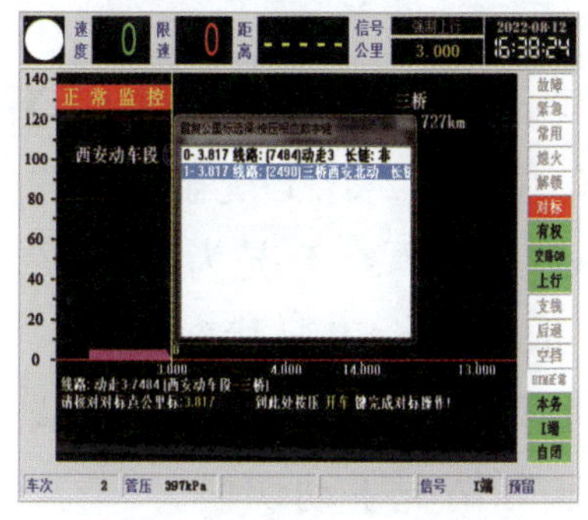

附图 6-10　重复公里标选择窗口

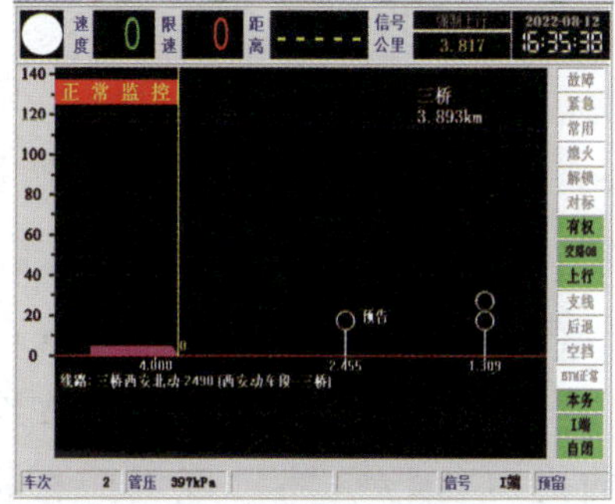

附图 6-11　按压开车键后监控错误

(3)重新输入参数,选择 0,如附图 6-12 所示。

(4)按压开车键后监控正确,如附图 6-13 所示。

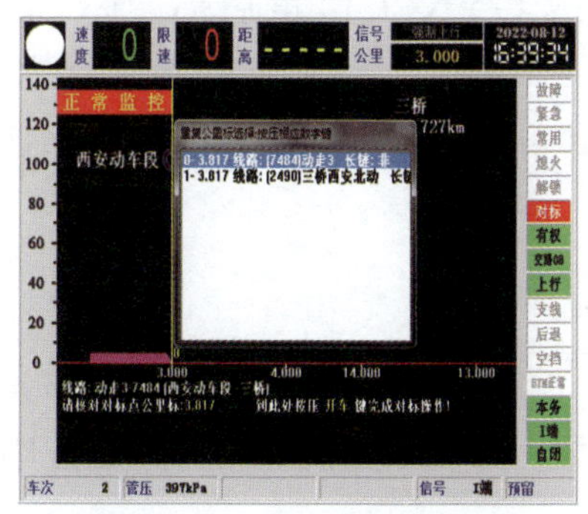

附图 6-12　重新输入参数

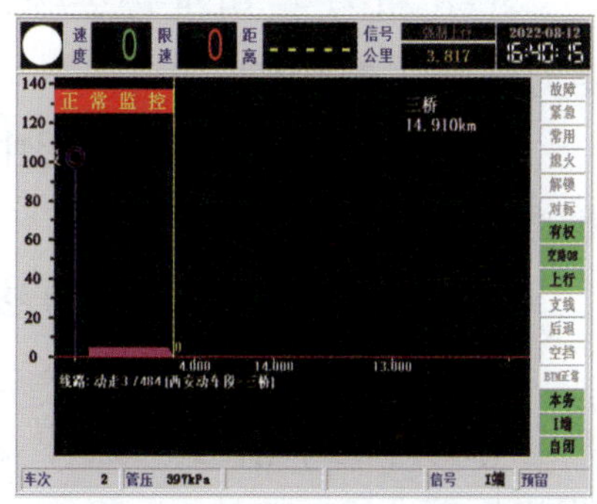

附图 6-13　按压开车键后监控正确

(5)按压正常键,激活对标功能。

2. 如重复公里标选择错误导致调取的基本数据错误,运行过程中按照"车站代码误输导致调取 GYK 基本数据错误时"的应急方法处置。

第五条　GYK 采集车辆工况失效或 GYK 工况故障时:

1. 在停车状态下按压【车位】键+【上下行】键，GYK 弹出“请确认工况无效”窗口，确认工况无效后转入人工控制，进入后 GYK 默认为空挡状态。

2. 长按【向前】键 2 s，工况显示为“前进”；长按【向后】键 2 s，工况显示为“后退”，长按【车位】键 2 s，工况显示为“空挡”（在工况无效状态下长按【车位】键 2 s，工况为“空挡”状态，再次长按【车位】键 2 s，GYK 取上一个工况状态）。

3. 转入人工控制后，GYK 上只有一种工况为有效状态（前进/后退/空挡），现场应根据实际情况手动切换。

4. 停车状态再次按压【车位】键+【上下行】键，GYK 弹出“请确认工况有效”窗口，选择“确认”后，退出工况无效状态，恢复外部工况控制。

5. 司机号 1、司机号 2 变化或 GYK 关机重启后，工况恢复为外部工况控制。

第六条 开行列车过程中出现 GYK 设备、机车信号故障的应急处理方法。

1. 机车信号故障判断方法：

乘务人员确认机车信号“上下行”位置正确、自轮运转车辆运用端与机车信号机操作端显示一致及机车信号设备电源正常：

(1)自动闭塞区段地面信号机显示允许运行的信号，机车信号连续两架不上码，判定为机车信号故障。

(2)半自动闭塞区段地面信号机显示允许运行的信号，连续两站的进、出站区段机车信号不上码，判定为机车信号故障（如果发车站进站机车信号正常，出站机车信号不上码，接车站进站、出站均不上码判定为机车信号故障）。

(3)自动闭塞区段或半自动闭塞区段地面信号机显示允许运行的信号，机车信号显示停车信号(红黄灯)、灭灯、跳闪或多灯，乘务人员必须关闭机车信号电源再开机试验，仍无法恢复正常显示，判定为机车信号故障(当机车信号灭灯，监控装置复示信号显示正常，属机车信号机灯泡烧损，不视为机车信号故障)。

(4)“机车信号故障恢复”定义：列车经过一架地面信号机，机车信号显示正常。

2. 运行过程中突然出现 GYK 设备、机车信号故障，必须执行先停车汇报、后处理的原则。

3. 若紧急制动停车或被迫停在调谐区内时，乘务人员须立即通知后续列车、向两端站车站值班员(列车调度员)报告停车位置(具备移动条件时须先将机车移动不少于 20 m)，并在轨道电路调谐区外使用短路铜线短接轨道电路。

4. 关机重启后恢复正常，及时向车站值班员(列车调度员)汇报，按其指示办理。如需重新调取 GYK 基本数据，按照本附件第二条处置方法处理。

5. 关机重启无法恢复正常，应严格执行《铁路技术管理规程(普速铁路部分)》第 335 条规定：“运行途中，遇列尾装置、机车信号、列车运行监控装置(轨道车运行控制设备)发生故障时，应立即使用列车无线调度通信设备报告车站值班员或列车调度员，并根据实际情况掌握速度运行；遇机车信号、列车运行监控装置(轨道车运行控制设备)发生故障时，司机应控制列车运行至前方站停车处理或请求更换机车，在自动闭塞区间，列车运行速度不超过 20 km/h。”

附件 7

GYK 设备运行揭示数据解除方法

第一条 自轮运转车辆运行途中，遇须取消 GYK 设备运行揭示数据文件控制时，乘务人员以列车调度员发布的行车调度命令为依据，解除相应 GYK 设备运行揭示数据文件的控制，并通知段揭示命令编辑中心备案，做好记录。解除前，必须认真核对调度命令，确认解除运行揭示的时间，严禁解除有效运行时段内的揭示。

第二条 杭州创联 GYK 解除的三种操作：

1. 按压【确认】键+提示信息序号，可快速解除前方3 km范围内的揭示，已起控的揭示无法采用该种方法进行解除。此方法只是解除当前状态下的限速控制，重新调取数据后可重新起控。

2. 按压【查询】键，选择“3. 计划揭示”，进入“计划揭示查询”界面将光标移到需要取消的揭示，按压【解锁】键，确认后即可解除。此种解除方法对未起控的揭示及已经起控的揭示均可进行解锁操作，即使重新调取数据，解除的限速也不会起控。

3. 按压【查询】键，选择“3. 计划揭示”，进入“计划揭示查询”界面直接按压数字键【6】，进入解除提示窗口。输入揭示类型、揭示序号、调度命令号，将光标移到“确定”选项上，按压【确认】键即可解除。此种解除方法对未起控的揭示及已经起控的揭示均可进行解锁操作，即使重新调取数据，解除的限速也不会起控。

第三条　西铁电子 GYK 解除的两种操作：

1. 按压【确认】键＋提示信息序号，可快速解除前方3 km范围内的揭示，已经起控的揭示无法采用该种方法进行解除。此方法只是解除当前状态下的限速控制，重新调取数据后可重新起控。

2. 按压【查询】键，选择"3. 计划揭示"，进入"计划揭示查询"界面直接按压数字键 6，进入"计划揭示解锁"窗口。依次输入计划揭示类型、计划揭示序号、调度命令，将光标移到"确认"选项上，按压【确认】键即可解除。此种解除方法对未起控的揭示及已经起控的揭示均可进行解锁操作，即使重新调取数据，解除的限速也不会起控。

第四条　解除 GYK 运行揭示的安全注意事项：

1. 杭州创联 GYK 揭示数据若被解除后，则显示红字；揭示数据若过期，则显示蓝字。

2. 西铁电子 GYK 揭示数据若被解除后，则以红底黑字显示；揭示数据若过期，则以蓝底黑字显示。

3. 计划揭示下载后，将全部覆盖上次下载的揭示文件。

4. 计划揭示恢复，按压【查询】键，选择"3. 计划揭示"，进入"计划揭示查询"界面直接按压数字键 7，进入"计划揭示恢复"窗口。输入揭示类型、揭示序号、调度命令，将光标移到"确定"选项上按压【确认】键即可恢复。

附件 8

GYK 设备解锁标准及要求

第一条 自动闭塞区段出站解锁。

过站中心后，当机车信号由双黄灯、双黄灯闪、交流计数黄灯变为白灯，按【出站】键后，GYK 限速曲线在原停车曲线基础上按当前允许速度延伸一个常用制动计算距离，当收到允许信号后，按变更后的机车信号控制。否则在进入常用制动停车曲线前 10 s 发出报警音，按压【警惕】键，常用制动停车曲线往前移动 200 m，最多允许 3 次【警惕】键操作，如果在前方 1500 m 处，机车信号仍为白灯，停车后允许解锁，按【解锁】键，GYK 进入正常监控模式（目视行车）控车运行。

解锁要求：机车信号变为白灯，乘务人员最多按压 3 次【警惕】键后，机车信号仍未收到允许信号，除正、副驾驶认真确认地面信号外，还须报请生产调度指挥中心同意后方可执行解锁操作。

第二条 半自动闭塞区段出站解锁

当机车信号为允许信号出站时，越过出站信号机，机车信号变为白灯，按停车信号控制。按【出站】键，解除停车控制，当运行 800 m 或越过道岔按压【解锁】键后，语音及 DMI 窗口提示“尾部过岔，请确认！”，按【确认】键操作后，解除道岔限速。

解锁要求：本务机车正驾驶与末位补机正驾驶联系确认列车尾部已过岔，本务机车正、副驾驶共同确认后方可执行解锁操作。

第三条 自动闭塞区间机车信号接收红黄灯信号解锁。

区间收到红黄灯时，GYK 控制限速曲线 500 m 闭口，500 m 内停车后按压【解锁】键，进入正常监控（目视行车）模式。

解锁要求：解锁前须与车站值班员、列车调度员联系确认前方闭塞分区列车占用情况，同时报生产调度指挥中心同意后方可执行解锁操作。

第四条 进站信号机外停车解锁。

在进站分区接收到红黄灯信号后，距进站信号机距离大于 300 m，速度低于 20 km/h 时 GYK 提供解锁条件，按压【解锁】键进行解锁操作后，转入正常监控（目视行车）模式控制运行，当距离进站信号机小于等于 300 m 时，不再触发目视行车报警，开始语音报警“停车、停车”，DMI 显示“停车信号，禁止冒进”，停车后报警停止；距进站信号机距离小于 300 m 不提供解锁条件。

解锁要求：不得解锁。

第五条 进站解锁。

当列车越过进站信号机，且运行速度小于 20 km/h，距离监控闭口地点小于 500 m 时，GYK 提供解锁条件，按压【解锁】键，GYK 按目视行车控制。如果未进行解锁操作，当自轮运转车辆越过站中心后须停车才能允许进行解锁操作。

解锁要求：正、副驾驶共同确认走行距离不足，且前方安全距离足够，方可执行解锁操作。

第六条 区间作业进入解锁。

输入完区间作业进入参数后，GYK 监控自轮运转车辆按道岔限速出站，在出站信号机处按【开车】键对标；当乘务人员按【开车】键运行 800 m 或越过道岔按压【解锁】键后，语音及 DMI 窗口提示“尾部过岔，请确认！”，按“确认”操作后，解除道岔限速，按模式限速值控制。

解锁要求：本务机车正驾驶与尾部补机正驾驶联系确认列车尾部已过岔，本务机车正、副驾驶共同确认后方可执行解锁操作。

第七条 区间作业防碰解锁。

进入区间作业防碰模式后，按区间作业限制速度控制运行，在作业区间起点、终点前停车，留有安全距离 100 m。

根据作业需要，自轮运转车辆继续前行作业时，可以在距闭口点 500 m 内停车后按压【解锁】键，人工解除曲线闭口控制，按“区间防碰（目视）”模式控制运行。

解锁要求：需在调度命令规定的作业起、终点前解锁，应报生产调度指挥中心同意，且须留有 30 m 安全距离。

第八条 区间作业编组解锁。

进入“区间作业编组”模式后，按限速模式曲线控制运行，在连挂点前停车，留有安全距离 100 m。

根据作业需要，自轮运转车辆继续前行作业时，可以在距闭口点 500 m 内停车后按压【解锁】键，人工解除曲线闭口控制，按“区间编组（目视）”控制运行。

解锁要求：正、副驾驶共同确认前方安全距离足够后，方可执行解锁操作，并严格执行“十车、五车、三车”车距离限速。

第九条 区间作业返回解锁。

进入区间作业返回模式后，GYK 以进站信号机或反向进站信号机前 300 m 为目标点控制停车。进站信号机或反向进站信号机前 1 400 m 内收到允许信号，DMI 界面弹出“进站信号确认”提示窗口，需要对地面信号进行确认，若确认接收到的信号与地面信号一致，则选择“确认”（确认为正常信号），按照正常监控模式控制；若确认接收到的信号与地面信号不一致，则选择“取消”（确认为干扰信号），原有停车控制曲线不变；机车信号为白灯或红灯，停车控制曲线不变，距离闭口点距离小于 500 m 时，停车后按压【解锁】键，进入区间作业返回（目视行车）。

如果在管理参数设置界面将“轨道车/大机”项设置为“大机”，并且车辆辆数大于等于 10 辆时，若在进站信号机前没有收到允许信号，当自轮运转车辆运行至距离闭口点小于 500 m，且运行速度小于 20 km/h 时，提供解锁条件，允许按压【解锁】键进行解锁，进入区间作业返回（目视行车）。

解锁要求：自轮运转设备区间作业返回时，进站前必须在进站信号机外方停车，进行车机联控，确认行车凭证、信号显示及道岔进路正确。需要解锁时，须报生产调度指挥中心同意后，方可执行解锁操作。

第十条 非正常行车模式解锁。

使用地面信号确认、绿色许可证行车、路票行车、调度命令发车等非正常行车办法时，乘务人员必须在取得规定的行车凭证并确认具备发车条件后，再按压 GYK【解锁】键＋【确认】键，解除所在车站的出站（或发车进路）信号机停车控制。

解锁要求：按照《铁路技术管理规程（普速铁路部分）》规定执行，解锁前须与车站值班员、列车调度员联系确认具备发车条件，同时报生产调度指挥中心同意后方可执行解锁操作。

第十一条 各乘务人员严格遵守上述 GYK 设备“解锁”相关要求，严禁违章解锁。

附件 9

GYK 设备操作及模式选用标准

第一条 自轮运转车辆乘务人员须按操作手册和提示卡要求正确输入 GYK 设备参数、选用控制模式、调用基本数据文件,在运行和作业时严格按规定操作。自轮运转车辆在集团公司管内运行时,DMI 设定界面须选择"0 号监控交路号",跨集团公司运行时该操作按线路所属集团公司操作手册选择。

第二条 双机或多机担当牵引任务的自轮运转车辆,除第一位本务机车外,其余自轮运转车辆 GYK 应进入补机状态,不得关机运行,担当本务时须退出补机状态。

第三条 区间封锁,进入区间 GYK 设备控车模式:

本务机车选用"区间作业进入"模式,补机车辆选用"区间作业进入(补机)"模式运行。正驾驶依次输入"调度命令""车次""作业起点""作业终点""封锁区间限速""作业区间限速""对标公里标",按照 GYK 设备限速要求控制车辆进入封锁区间。

第四条 区间封锁,返回车站 GYK 设备控车模式:

本务机车选用"区间作业返回"模式,补机车辆选用"区间作业返回(补机)"模式运行。乘务人员依次输入"返回车次""当前公里标""进站(或反向进站)公里标""封锁区间限速",GYK 设备以进站或反向进站信号机前 300 m 为目标点控制停车。乘务人员严格执行车机联控标准,进站或反向进站信号机前 1 400 m 内接收到进站信号时,GYK 设备弹出"进站信号确认"提示窗口,需要对地面信号进行确认,若确认接收到的信号与地面信号一致，则选择"确认"（确认为正常信号），按照正常监控模式控制；若确认接收到的信号与地面信号不一致，则选择"取消"（确认为干扰信号），原有停车控制曲线不变；机车信号为白灯或红灯，停车控制曲线不变，距离闭口点距离小于 500 m 时，停车后按标准按压【解锁】键，进入区间作业返回（目视行车）。

第五条 站间封锁，进入区间 GYK 设备控车模式：

整列进入区间时，本务车 GYK 设备使用"区间作业防碰"模式，补机车辆选用"区间作业防碰（补机）"模式运行。乘务人员依次输入"调度命令号"、"当前公里标"、"起始公里标"、"终点公里标"、"作业区间限速"、"大机防溜功能"。分组进入区间时，第一组按照封锁里程输入防碰起点和终点，续行车组防碰起点输入为封锁起点里程，防碰终点输入为本车"施工及车辆运行计划表"终点里程。

第六条 站间封锁，返回车站 GYK 设备控车模式：

本务机车使用"区间作业防碰"模式，补机车辆选用"区间作业防碰（补机）"模式运行。乘务人员将防碰终点公里标输入为运行前方站接车线末端出站信号机里程（正线未完全封锁时，防碰终点输入为封锁端点公里标）。分组返回后续自轮运转车辆 GYK 设备使用"区间作业防碰"模式运行，进站后严格执行瞭望制度，对前方已停妥自轮运转车辆尾部比照十车、五车、三车距离控速，停车至少保留 10 m 安全距离。

1. 因曲线、地形影响瞭望距离不足 300 m，但通过对讲机联系，能确认前车距本车距离大于 300 m 并在运行中，续行速度不得超过 40 km/h。

2. 因曲线、地形影响瞭望距离不足 300 m，又联系不上前车，不知前车位置，必须严格控制速度，以在瞭望距离之内能随时停车的速度运行。

3. 自轮运转车辆分组进出封锁区间时，遇异常情况被迫停车，乘务人员立即使用对讲机通知续行车辆注意运行，并指派车组人员持信号灯（旗）从后方不少于 300 m 处防护。运行中各组自轮运转车辆保持联系，如联系中断，后续车组本务机车按照最后一次联控地点进行停车控制，如持续联系不上时以瞭望距离内能随时停车的速度运行并保持 50 m 安全距离。

第七条 站内作业时：

站内作业时，同一股道作业 GYK 设置“目视行车”模式运行，需转换股道时 GYK 设置“调车”模式运行。

第八条 到达作业地点开始作业时：

各自轮运转车辆按照“区间作业进入”“区间作业防碰”等模式到达作业地段后，按照“施工及车辆运行计划表”规定的里程重新输入防碰起点和防碰终点；如自轮运转车辆作业范围各车之间距离小于 1 000 m 时，车间在编写“施工及车辆运行计划表”时可将该区段内所有自轮运转车辆合并为一个作业范围，但最大距离不超过 5 000 m，各自轮运转车辆在作业范围运行时速度不得超过 20 km/h。

1. 有 GYK 基本数据地段（按压【设定】键设置车次，按压【正常】键设置各项参数调用基本数据），作业时选用“区间作业防碰”本务模式。无 GYK 基本数据地段，作业时使用“目视行车”模式补机模式。

2. 自轮运转车辆在作业时选用“区间作业防碰”本务模式，起点、终点公里标按照“施工及车辆运行计划表”输入。

在放下工作装置并开始作业前，应关闭防溜功能；作业结束恢复运行状态后，应开启防溜功能。

第九条 作业结束后需要连挂时，选用“区间作业编组”模式，乘务人员依次输入“当前公里标”“连挂点公里标”，乘务人员控制车辆运行至限速曲线闭口前 500 m 内停车，按压【解锁】键转为“区间作业编组（目视）”行车模式，运行至被挂车 10 m 前一度停车，转为“5 km/h 连挂”模式进行连挂作业。若主挂车运行过程中，被挂车停留位置发生变化，被挂车正驾驶应及时通知主挂车正驾驶，主挂车应立即停车，再次明确被挂车停留位置并重新输入参数后，方可运行。

第十条 调车模式是进行调车作业的固定限速模式，限速值按牵引 40 km/h、推进 30 km/h、连挂 5 km/h 控制。调车作业时，在调车信号未开放前，严禁提前进入调车模式。

第十一条 无地面数据区间作业时：

1. 站间同时封锁时，选用调车模式进入封锁区间；区间作业完成后，使用调车模式运行至进站信号机前 300 m 外停车，乘务人员进行车机联控后，转为目视行车模式控制车辆进站。

2. 区间封锁时，选用调车模式进入封锁区间，区间作业完成后，使用调车模式运行至进站信号机前 300 m 外停车，本务正驾驶进行车机联控并确认信号状态，按照信号控制车辆运行进站。

第十二条 工程线作业时：

1. 既有线进出工程线：GYK 设备使用调车模式，在分界点前 30 m 前一度停车，将 GYK 设备转为目视行车模式，通过人工道岔的速度不得高于 5 km/h。

2. 信号联锁未开通的车站调车作业：GYK 设备使用调车模式，正、副驾驶在距离道岔前 30 m 一度停车确认道岔开通方向，确认无误后方可运行。

3. 行车设备未开通的工程线跨站运行：GYK 选用调车模式，乘务人员应控制好车速，以在瞭望距离内能随时停车的速度运行。

4. 工程线内运行 GYK 模式：在不熟悉状况或未捣固的线路运行时，选用“目视行车”模式运行，在已熟悉状况或初捣过的线路，几何尺寸符合要求，允许乘务人员将 GYK 设备设置为调车模式。

5. 工程线内的施工作业 GYK 模式：GYK 设备设置为目视补机模式。作业完毕需要连挂时，主挂车将 GYK 设备设置为目视模式行车，在距被挂车 10 m 前一度停车后按标准连挂。

6. 工程线转入既有线：GYK 设备使用目视行车模式，在分界点前 30 m 一度停车，执行要道还道制度，在确认信号和道岔开向正确后，将 GYK 设备转为调车模式，通过人工道岔的速度不得高于 5 km/h。

附件 10

GYK 设备维护管理标准

第一条 为预防、及时处理故障，乘务人员做好以下维护工作：

1. 乘务人员必须爱护 GYK 装备，保持设备的完整和良好清洁状态，做好自检自修，GYK 运行状态应写入运行日志。遇设备损坏时要如实反映、做好记录。

2. GYK 日期、时间误差校正，以自轮运转车辆 CIR 时钟为标准，误差不大于 30 s。

3. GYK 保险管烧损的更换，双端 DMI 倒换。

4. GYK 及附件的外观检查、安装基础紧固，制动隔离装置各开关在正常位。

5. GYK 各连接电缆状态检查，紧固松脱电缆，简易包扎破损电缆。

6. 专用速度传感器、机车信号接收感应器及相应安装基础检查、紧固。

7. 运行途中设备故障时，联系对口电务段车载车间提供技术支持，按其指示做好故障应急处置。

第二条 自轮运转车辆乘务人员须配合电务人员进行检修作业：

1. 根据电务维护人员要求，负责发动机启停机操作，设置防溜措施，进行车辆Ⅰ端和Ⅱ端前进、后退及空挡、非空挡试验。

2. 根据电务维护人员要求，负责常用制动试验和紧急制动试验时的自轮运转车辆制动机制动、保压和缓解操作。

3. 根据电务维护人员维修要求，联系动车试验；车下作业时负责安全防护。

第三条 日常检查 GYK 作业标准见附表 10-1。

附表 10-1 日常检查 GYK 作业标准

序号	部位	检查项目	检查内容	技术标准	检查作业要求
1	车下	机车信号感应器及连线	Ⅰ端、Ⅱ端感应器、引线及吊架检查	①感应器吊架安装牢固，各部螺栓不松动，无碰伤，不变形 ②感应器安装牢固，各部紧固件不松动，外观无破损，无碰伤，不变形 ③线缆无破损、绝缘护套无老化断裂等现象，绑扎牢固，接插件无松动虚接；防水处理部位无损坏	每日动车前
2		速度传感器及连线	外观、紧固和线缆状态检查	①速度传感器外观无破损，安装牢固，紧固件不松动 ②线缆无破损、绝缘护套无老化断裂等现象，绑扎牢固，接插件无松动虚接；防水处理部位无损坏	
3		压力传感器及连线	外观、紧固和线缆状态检查	①压力传感器外观无破损，安装牢固，紧固件不松动 ②线缆无破损、绝缘护套无老化断裂等现象，绑扎牢固，接插件无松动虚接；防水处理部位无损坏	
4		紧急、常用放风阀、保压阀及连线	外观、紧固和线缆状态检查	①紧急、常用放风阀、保压阀外观无破损，无漏风，安装牢固，紧固件不松动 ②线缆无破损、绝缘护套无老化断裂等现象，绑扎牢固，接插件无松动虚接；防水处理部位无损坏	

续上表

序号	部位	检查项目	检查内容	技术标准	检查作业要求
5	Ⅰ端、Ⅱ端驾驶室	DMI显示器	外观检查	①DMI显示器安装牢固，屏幕、按键面膜无破损，插头无松动、连接良好，粘贴标识清晰 ②空插座封堵良好	每日检查保养时
			功能检查	①利用“键盘检测”功能检查各按键，按压各键灵活、响应正确 ②屏幕亮度调节正常，屏幕各显示区显示清晰、正确 ③喇叭音量调节正常，语音提示清晰、正确 ④日期、时间准确 ⑤制动主管压力及自轮运转车辆工况显示正确 ⑥利用“信号自检”功能，检查机车信号显示正常 ⑦自轮运转车辆处于信号环码线时，GYK机车信号与地面显示一致	
6	Ⅰ端、Ⅱ端驾驶室	机车信号机	功能检查	利用“信号自检”功能，检查机车信号机显示正常	每次制动试验前
7		制动试验	试验前准备	①试验前自轮运转车辆各电气开关、控制手柄、制动手柄须置于相应位置，鸣笛，确认机车下部及周围安全状况 ②将总风缸风压打到600 kPa以上，自阀手柄置缓解位，此时观察制动主管风压应到500 kPa，同时制动缸风压应降为0	

续上表

序号	部位	检查项目	检查内容	技术标准	检查作业要求
8	Ⅰ端、Ⅱ端驾驶室	制动试验	常用动作试验	①选择“常用自检”，按【确认】键，语音提示“常用制动”两遍，屏幕显示“常用自检”，状态栏“常用”灯点亮。GYK输出常用制动，关闭制动主管进风，常用制动阀排风，制动主管减压至额定值[减压量标准(120±10)kPa]；保压60 s检查泄漏量小于10 kPa ②按【缓解】键，语音提示“缓解成功”，制动主管进风打开，观察制动主管风压应上升到500 kPa，同时制动缸风压应降为0	每日动车前
9			紧急动作试验	①选择“紧急自检”，按【确认】键，语音提示“紧急制动”两遍，屏幕显示“紧急自检”，状态栏“紧急、熄火”灯点亮。GYK输出紧急制动，发动机熄火，关闭制动主管进风，紧急制动阀排风，制动主管压力迅速降低为0 ②按【缓解】键，语音提示“缓解成功”，放风阀关闭，制动主管进风打开，观察制动主管风压应上升到500 kPa，同时制动缸风压应降为0	每月25日
10		紧急、警惕按钮，隔离装置	紧急、警惕按钮功能检测试验	①按钮灵活、作用良好，按下按钮有提示音 ②开关位置正确，动作良好	每日动车前
11		GMS、BTM、录音功能	功能正常，指示正确	按压DMI查询显示设备状态正常；录音回放清晰、完整	
12		填写工作日志		在工作日志正确填写检查情况	

第四条 乘务人员应根据GYK设备维护管理分工及时向自轮运用管理人员、设备管理人员提报故障。GYK设备维护管理分工如下。

1. 电务部门管理设备

GYK设备主机、人机界面单元(DMI)、机车信号接收线圈、机车信号机、专用速度传感器、公用数据箱、应答器信息接收装置、自轮运转车辆GYK设备远程维护监测系统车载设备、警惕按钮、扬声器。

2. 设备部门管理设备

制动隔离装置、压力传感器、熄火装置、制动装置(电磁阀)、设备机柜等。

3. 设备分界

(1)GYK设备专用速度传感器:设备管理部门负责提供符合速度传感器安装机械结构要求的轴箱盖及轴端连接装置(含方孔套、齿轮连接装置),光电速度传感器、其固定螺栓及与主机间的连接电缆归电务部门。

(2)电务部门与设备管理部门针对管理设备之间的连接电缆,按对信息或电源"谁取用、谁负责"的原则,由取用信号或取用电源的部门一并负责管理。

GYK设备主机箱的插头及连线(轴温检测装置除外)由电务部门负责。各配线中电源线、工况信号线(空挡、向前、向后)、GYK设备控制指令输出线(熄火、保压、常用制动、紧急制动)、压力传感器信号检测线以线鼻为界,以上接线排及接线柱(接线座)归设备部门管理,接线及线鼻归电务部门管理。

设备管理部门、电务部门共用接线排(接线座)的,遇有检修作业时,其连接状态按照谁检修、谁紧固、谁负责的原则进行。

电务部门在进行连接电缆检修时,设备管理部门须予以配合。

(3)GYK 设备(含专用安装支架)安装结构以设备固定在自轮运转车辆本体、机架或安装台上的螺孔、螺栓分界,车体、机架或安装台归设备管理部门负责,设备固定连接由电务负责。设备安装时涉及在自轮运转车辆本体及机柜、机架上切割、钻孔、施焊的,相关工作由设备管理部门负责。

第五条 GYK 运用考核标准:

1. 安全红线问题考核内容:

(1)运行途中无故关闭 GYK(包括变相关机)。

(2)破坏或擅自开启隔离装置(包括擅自破封)。

(3)违章解锁 GYK 装置或擅自隔离列控车载设备。

(4)漏换、错换基本数据。

2. A 类问题考核内容:

(1)运行超速引发紧急制动功能开启。

(2)降低行车控制等级。

(3)输入运行揭示命令错误导致限速区段未起控。

(4)参数设置错误可能导致严重问题发生。

(5)GYK 运行记录数据无故丢失、未上传的。

(6)轨道车电务车载设备合格证超期、丢失。

(7)GYK 检测数据无故丢失、未上传的。

(8)报修故障未盯控处置彻底重复发生。

(9)未按作业标准检修。

第六条 GYK 管理标准:

1. 从事 GYK 运行记录数据分析、运行揭示数据文件管理的人员和乘务人员应具备相应的专业知识和技能，经过专业培训，并经职教部门考试合格后方可任职。

2. GYK 运行记录数据是行车安全分析的重要依据，各级管理部门、人员必须保证数据完整，不得漏传数据并严防数据外泄。任何单位和人员均不得删除、损毁和改动数据。其他单位需要调用数据时，须经电务部批准得到自轮运转管理科同意方可调阅。

3. GYK 运行记录数据必须坚持段、车间两级分析，两级分析机构应配备 GYK 运行记录数据分析专用计算机，安装相应分析软件。两级分析针对行车安全项点应做到全覆盖，无错漏，信息追踪闭环。

4. GYK 运行记录数据分析人员对前一日自轮运转车辆 GYK 运行记录数据进行下载、统计，并转存在指定位置，对回传的 GYK 运行记录数据进行回放分析（数据产生后 24 h 内完成），做好分析记录。根据分析中发现的问题，通知相关专业管理人员或指导司机分析原因，督促整改。

（1）常规分析项目：

①运行途中是否存在关机、变相关机和降低控制等级情况。

②破坏或开启隔离装置（包括擅自破封）。

③紧急或常用制动动作情况。

④自检操作分析。

⑤运行揭示数据文件的导入和慢行区段的控速情况。

⑥降低设置控制模式情况。

⑦运行数据文件是否完整性。

（2）深度分析项目：

①动车前 GYK 参数设置情况，包括交路号、车站代码、

行别、公里标输入。

②非正常停车和非正常行车。

③解锁操作情况。

④定标操作或距离调整情况。

⑤防溜措施执行情况和防溜逸功能启动情况。

⑥换端标准执行情况。

⑦乘务员标准化作业情况。

⑧制动主管风压分析，是否按标准进行制动机试验。

⑨冬季车辆热备执行情况。

⑩地面数据换装情况。

⑪灯显设备异常（灭灯、信号不接收、晚接收、掉码）、设备故障、文件记录不全、文件记录混乱等情况及管压异常、速度跳变、速度不良、限速异常、公里标突变等情况。

⑫连挂作业时是否执行两度停车标准，停车距离是否符合标准；是否使用区间作业编组模式。

⑬运行中定标情况及距离调整。

⑭动车前机能试验情况。

附件 11

GMS 系统操作方法及标准

第一条 GYK 运行揭示文件升级

地面管理终端操作人员执行揭示升级任务后，GMS 车载设备依据接收到的升级“计划时间”，满足升级条件后，在 DMI 界面上方显示升级提示信息，同时连续两次语音提示“GYK 运行揭示文件升级”。显示内容为运行揭示请求升级，如附图 11-1 所示。

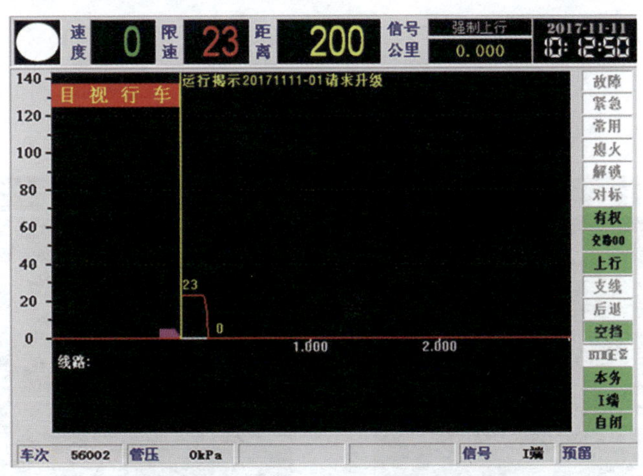

附图 11-1 升级信息提示界面

当自轮运转车辆处于停车状态(速度为 0)时，在 DMI 有权端弹出 GYK 运行揭示升级对话框，如附图 11-2 所示。乘务人员核对运行揭示升级编号后，若选择“退出”暂不进行升级，升级对话框关闭，每隔 30 min 连续两次语音提示，再次满足升级条件时，弹出升级对话框；若选择“升级”和“编号错误”，进入司机号输入对话框，如附图 11-3 所示。

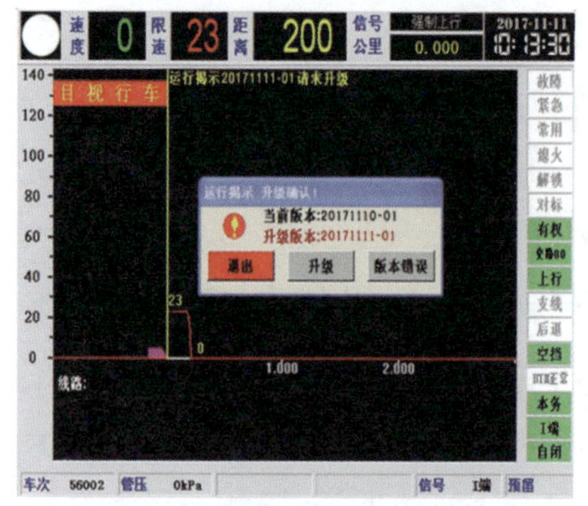

附图 11-2　揭示升级确认界面

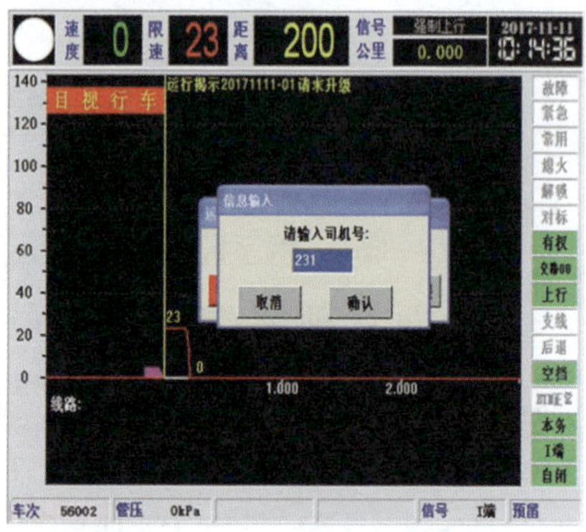

附图 11-3　司机号输入界面

乘务人员输入司机号按压【确认】键后，GYK 运行揭示在 DMI 两端同时开始升级，升级成功和升级失败如附图11-4所示。

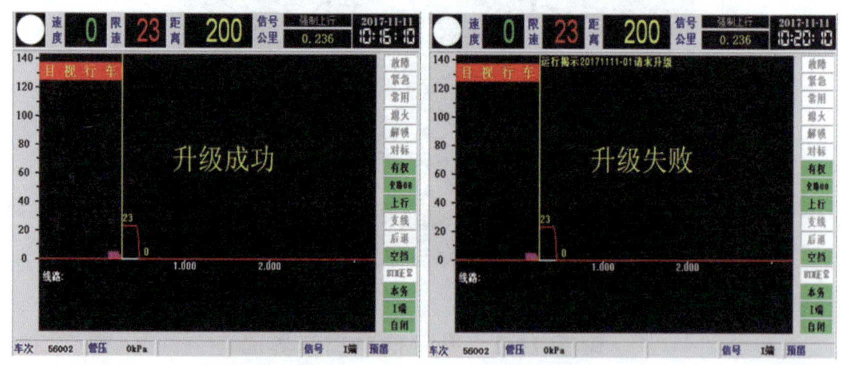

附图 11-4　升级结果提示界面

运行揭示升级成功后，左上方升级提示信息消失，DMI 弹出编号确认对话框，乘务人员需对两端 DMI 揭示编号进行确认，并输入自己的司机号，如附图 11-5 所示。

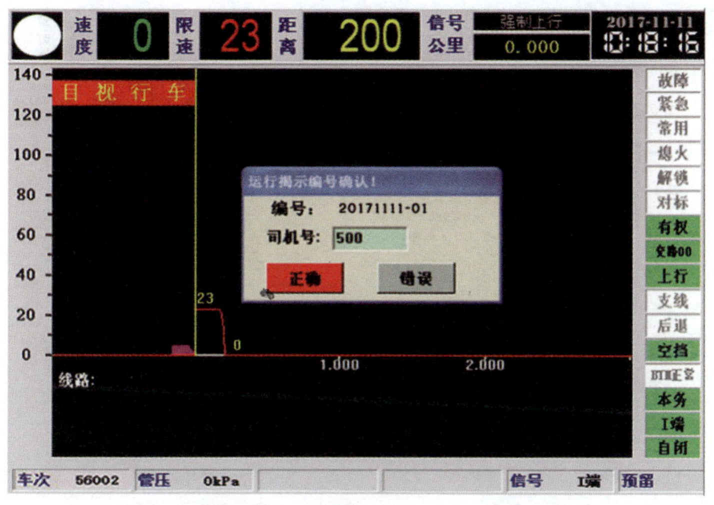

附图 11-5　升级结果提示界面

乘务人员确认运行揭示编号，若编号正确选择“正确”，若编号错误选择“错误”。运行揭示升级完成后，乘务人员查看 DMI 计划揭示界面，逐条核对运行揭示内容正确性。

揭示升级完成后，两端 DMI 弹出版本确认窗口，需要在两端 DMI 上都进行版本确认，否则该升级任务无法正常完成，影响后续同类型升级任务。

第二条　GYK 基本数据升级

电务专业技术人员操作 GMS 管理终端执行基本数据升级任务后，GMS 车载设备依据接收到的升级“计划时间”，在 DMI 界面上方显示升级提示信息，同时连续两次语音提示“GYK 基本数据文件升级”。显示内容为 GYK 基本数据文件的启用时间，如附图 11-6 所示。

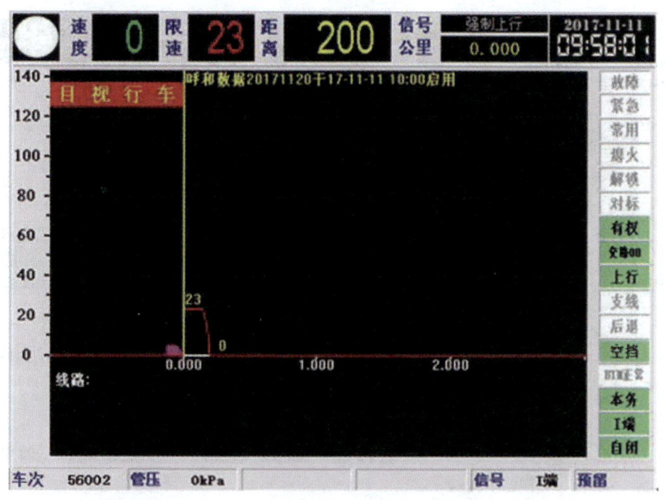

附图 11-6　升级基本数据提示界面

自轮运转车辆处于停车状态(速度为 0)时,在 DMI 有权端弹出 GYK 基本数据升级对话框,如附图 11-7 所示。乘务人员核对基本数据升级版本后,若选择“退出”暂不进行升级,升级对话框关闭,每隔 30 min 连续两次语音提示;再次满足升级条件时,弹出升级对话框;若选择“升级”和“版本错误”,进入司机号输入对话框,如附图 11-8 所示。

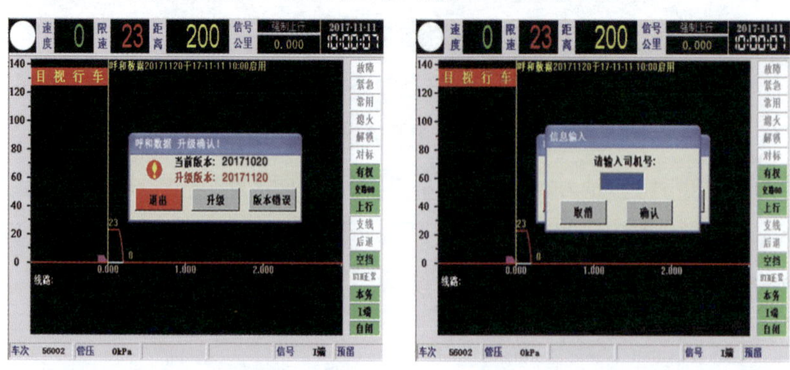

附图 11-7　基本数据升级界面　　　附图 11-8　司机号输入界面

乘务人员输入司机号按压【确认】键后，GYK 基本数据在 DMI 两端同时开始升级，升级成功和升级失败如附图 11-9 所示。

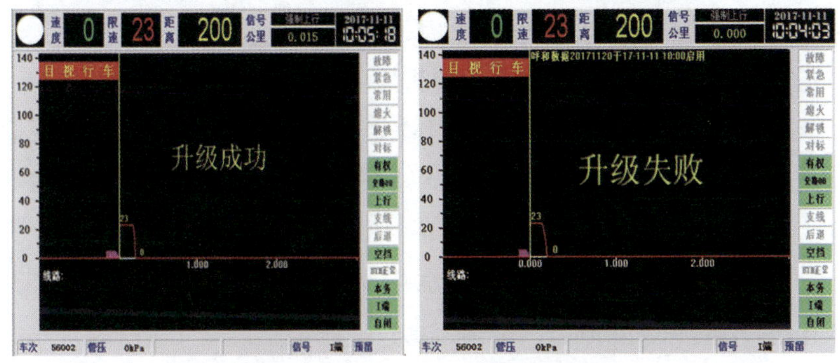

附图 11-9　升级结果提示界面

基本数据升级成功后，两端 DMI 自动重启，重启后进入目视行车模式，左上方升级提示信息消失，DMI 弹出版本确认对话框，乘务人员输入自己的司机号，确认基本数据版本，若版本正确选择“正确”，若版本错误选择“错误”，如附图 11-10 所示。

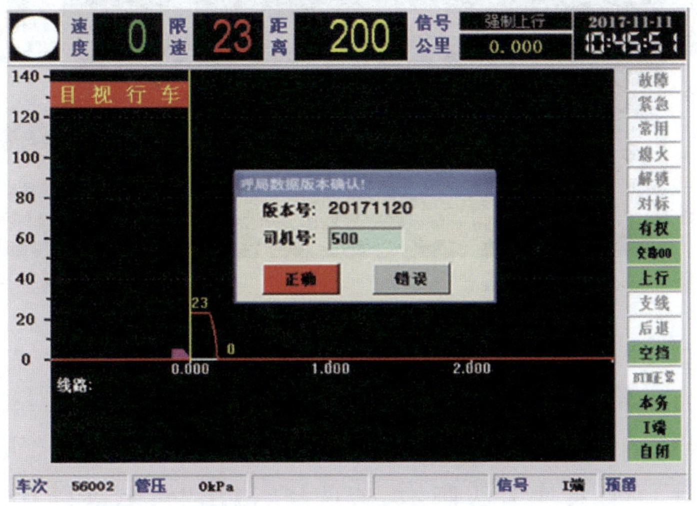

附图 11-10　版本确认界面

基本数据升级完成后，两端 DMI 弹出版本确认窗口，需要在两端 DMI 上都进行版本确认，否则该升级任务无法正常完成，影响后续同类型升级任务。

第三条 DMI 控制程序升级

电务专业技术人员操作 GMS 管理终端执行 DMI 控制程序升级任务后，GMS 车载设备依据接收到的升级“开始时间”，在 DMI 界面，显示升级提示信息，同时连续两次语音提示“DMI 程序文件升级”。显示内容为 DMI 控制程序文件升级的启用时间，如附图 11-11 所示。

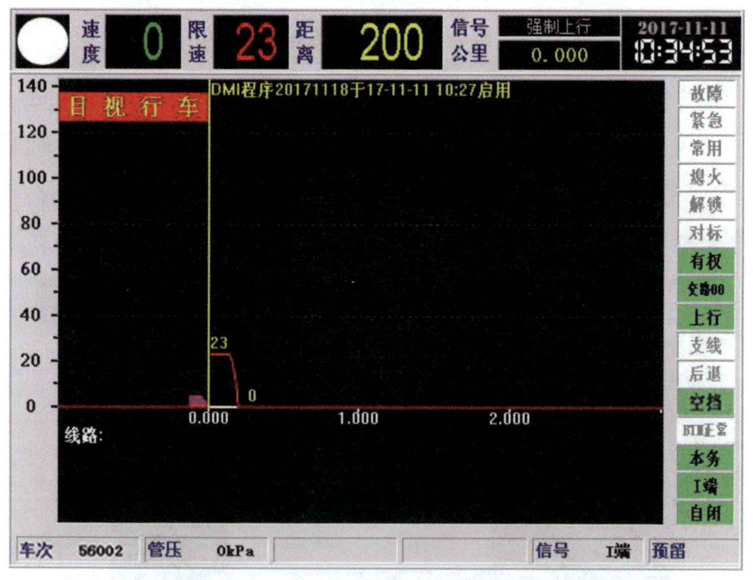

附图 11-11 升级 DMI 程序提示界面

当自轮运转车辆处于停车状态（速度为 0）时，在 DMI 有权端弹出 DMI 程序升级对话框，如附图 11-12 所示。乘务人员核对 DMI 程序升级版本，若选择“退出”暂不进行升级，升级对话框关闭，每隔 30 min 连续两次语音提示，再次满足升级条件时，弹出升级对话框；乘务人员若选择“升级”和“版本错误”，进入司机号输入对话框，如附图 11-13 所示。

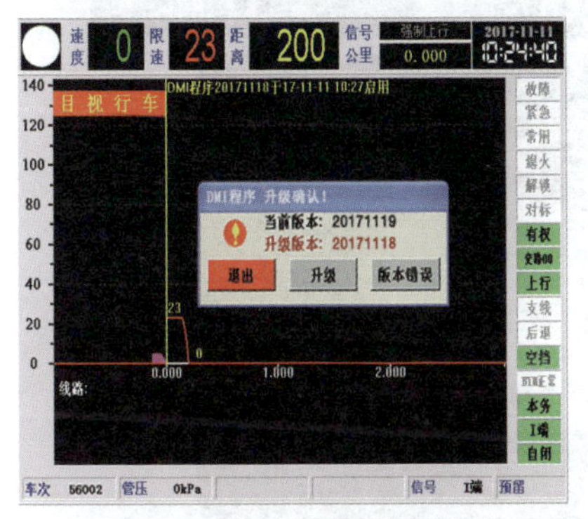

附图 11-12　DMI 程序升级界面

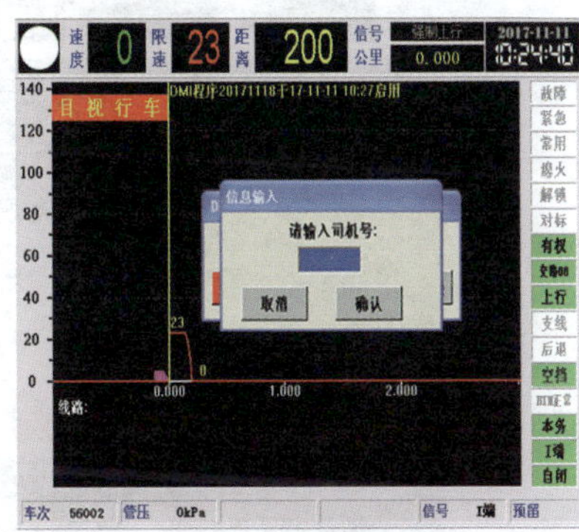

附图 11-13　司机号输入界面

乘务人员输入司机号按压【确认】键后，DMI 程序在两端同时开始升级，升级失败和升级成功如附图 11-14 所示。

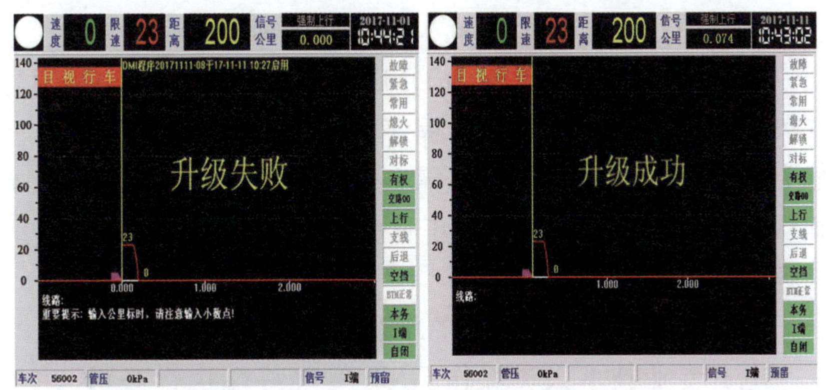

附图 11-14　DMI 程序升级结果提示界面

DMI 程序升级成功后，两端 DMI 自动重启，重启后进入目视行车模式，左上方升级提示信息消失，DMI 弹出版本确认对话框，乘务人员输入自己的司机号，确认 DMI 程序版本，若版本正确选择“正确”，若版本错误选择“错误”，如附图 11-15 所示。

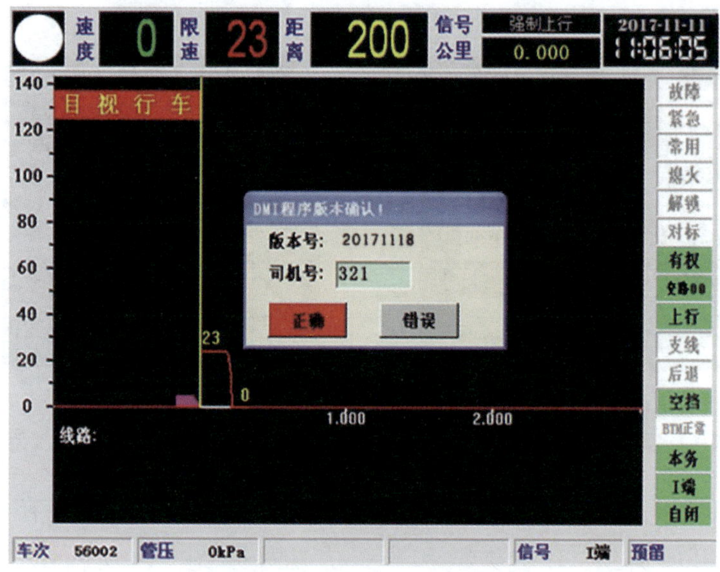

附图 11-15　版本确认界面

若同时升级主控程序和 DMI 程序，车载端升级时，须先升级主控程序，再升级 DMI 程序。DMI 程序升级完成后，两端 DMI 弹出版本确认窗口，需要在两端 DMI 上都进行版本确认，否则该升级任务无法正常完成，影响后续同类型升级任务。

第四条　GYK 主控程序升级

电务专业技术人员操作 GMS 管理终端执行 GYK 主控程序升级任务后，GMS 车载设备依据接收到的升级“开始时间”，在 DMI 界面上方显示升级提示信息，同时连续两次语音提示“GYK 主控程序文件升级”。显示内容为 GYK 主控程序文件升级的结束时刻，如附图 11-16 所示。

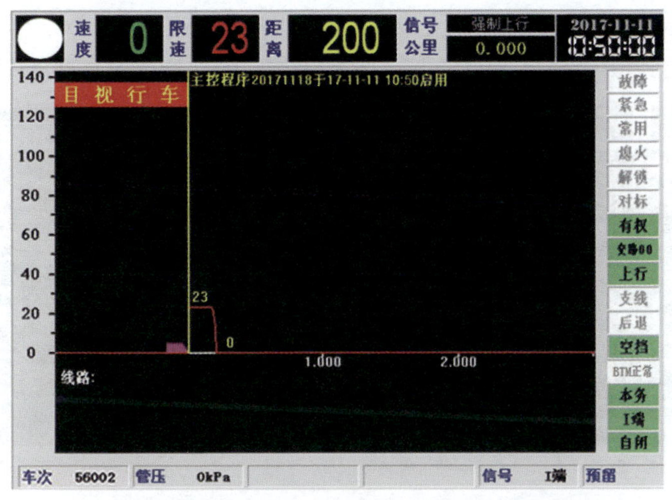

附图 11-16　升级 GYK 主控程序提示界面

当自轮运转车辆处于停车状态(速度为 0)时,在 DMI 有权端弹出 GYK 主控程序升级对话框,如附图 11-17 所示。乘务人员核对 GYK 主控程序升级版本,若选择"退出"暂不进行升级,升级对话框关闭,每隔 30 min 连续两次语音提示,再次满足升级条件时,弹出升级对话框;乘务人员若选择"升级"和"版本错误",进入司机号输入对话框,如附图 11-18 所示。

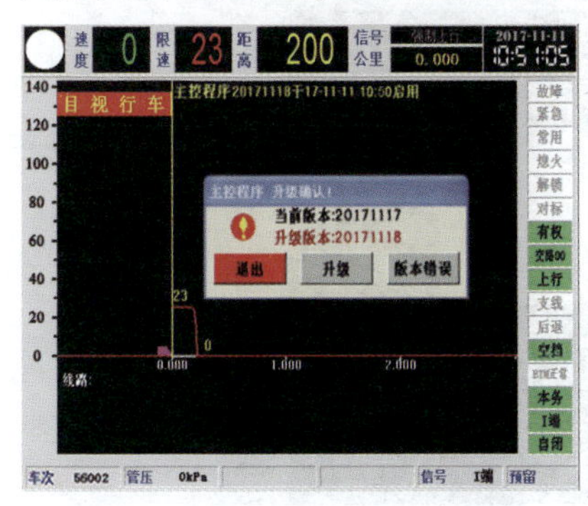

附图 11-17　GYK 升级界面

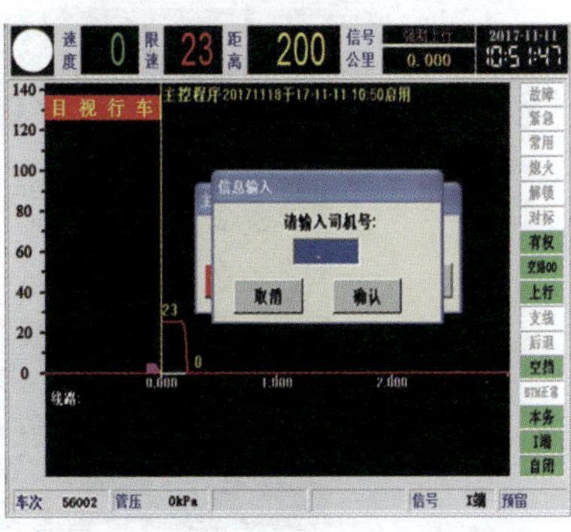

附图 11-18　司机号输入界面

乘务人员输入司机号按压“确认”键后，GYK 主控程序在有权端开始升级，升级成功和升级失败如附图 11-19 所示。

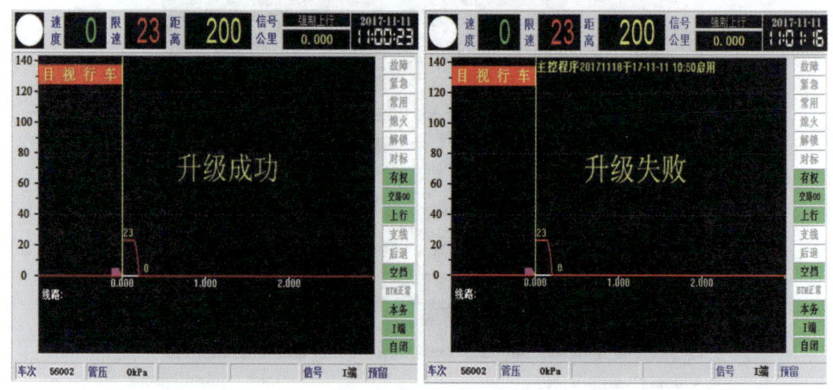

附图 11-19　GYK 主控程序升级结果提示界面

GYK 主控程序升级成功后，GYK 主控记录板自动重启，重启后 DMI 左上方升级提示信息消失。DMI 有权端弹出版本确认对话框，乘务人员输入自己的司机号，确认 GYK 主控程序版本，若版本正确选择“正确”，若版本错误选择“错误”，如附图 11-20 所示。

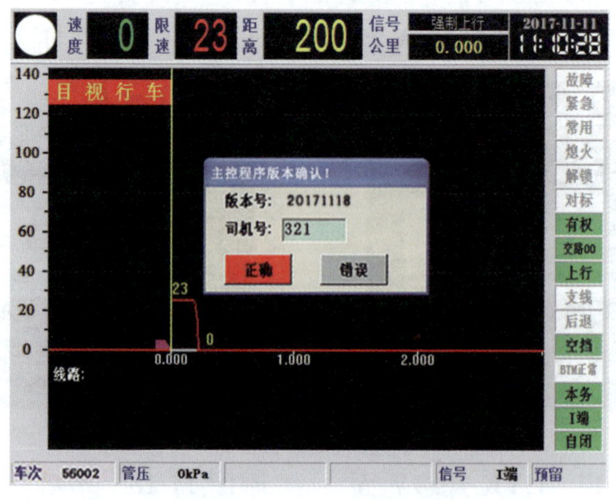

附图 11-20　版本确认界面

若同时升级主控程序和DMI程序，车载端升级时，须先升级主控程序，再升级DMI程序。GYK主控程序升级完成后，有权端DMI弹出版本确认窗口，只在有权端进行版本确，否则该升级任务无法正常完成，影响后续同类型升级任务。

第五条 GMS主控程序升级

电务专业技术人员操作GMS管理终端执行GMS主控程序升级任务后，GMS车载设备依据接收到的升级“开始时间”，自动进行GMS主控程序升级，升级完成后GMS主控板自动重启。DMI有权端弹出GMS主控程序版本确认对话框，乘务人员确认GMS主控程序版本并输入司机号，若版本正确选择“正确”，若版本错误选择“错误”，如附图11-21所示。

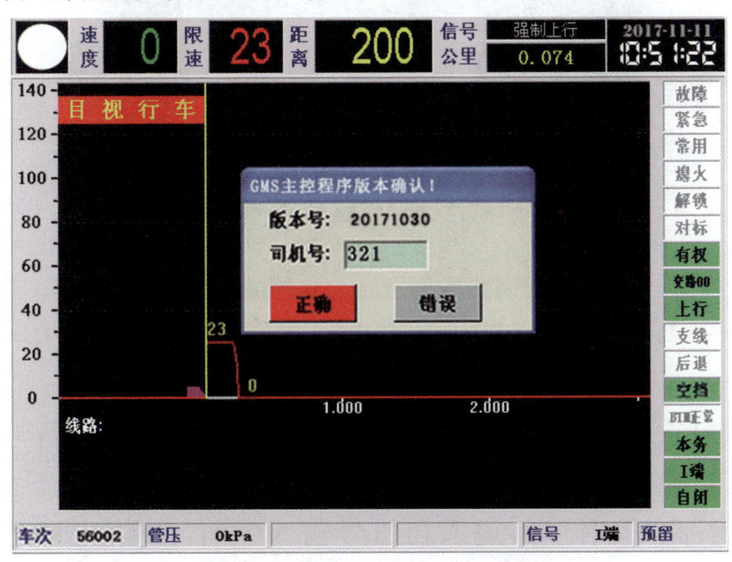

附图11-21 版本确认界面

GMS主控程序升级完成后，有权端DMI弹出版本确认窗口，只在有权端进行版本确认，否则该升级任务无法正常完成，影响后续同类型升级任务。

第六条　GYK 系统时钟校时

GMS 车载设备时钟依据 GPS/BDS 校时，GYK 设备每次开机时，GMS 车载设备会判断 GYK 系统时钟误差，当 GYK 系统时间误差大于 30 s 时，GYK 通过 GMS 车载设备同步校时。在 DMI 界面上方显示校时提示信息，同时连续两次语音提示“GYK 系统时钟校时”。GYK 系统时钟校时界面，如附图 11-22 所示。

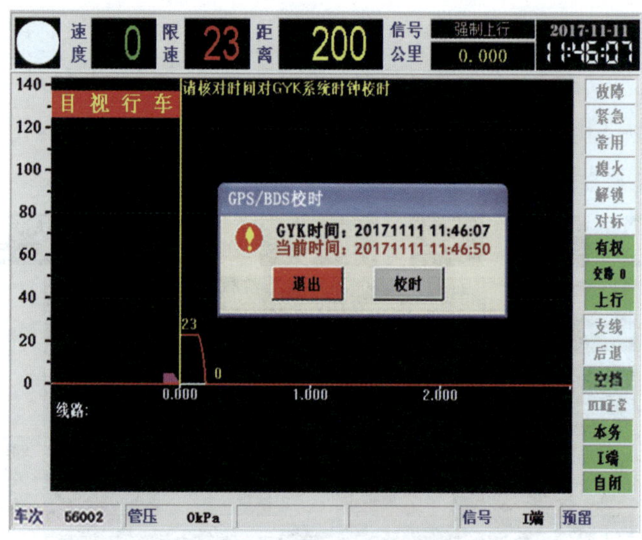

附图 11-22　GYK 系统时钟校时界面

乘务人员核对当前时间后，选择“退出”暂不进行 GYK 系统时钟校时，选择“校时”进行 GYK 系统时钟校时。选择“退出”和“校时”后，进入司机号输入界面，如附图 11-23 所示。乘务人员输入司机号按压【确认】键后，完成 GYK 系统时钟校时或暂时退出不进行系统时钟校时。校时完成后，需再次确认 GYK 系统时钟是否正确。

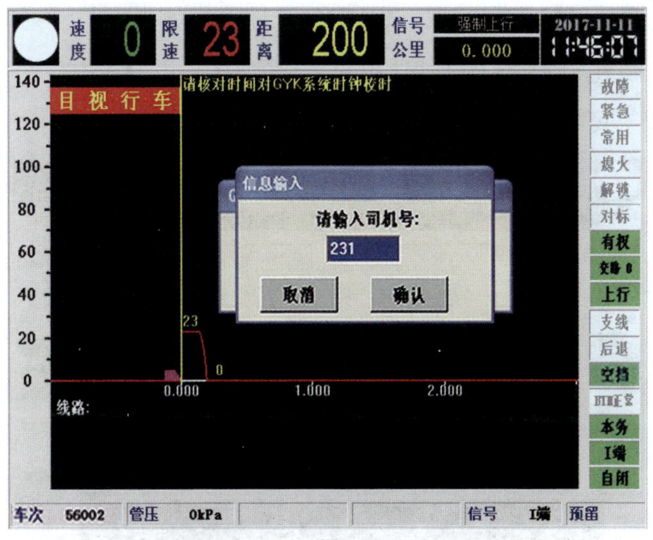

附图 11-23　司机号输入界面

第七条　升级调取

收到升级任务后,若未弹出升级窗口,在GYK设备的DMI主界面下,按压【设定】键进入“参数设定”窗口。在参数设定窗口下,按压数字键“5”进入“密码输入”界面,如附图11-24所示。输入GMS查询密码,进入“GMS查询选择”界面,如附图11-25所示。按压数字键“3”,进入“GMS升级”调取界面。

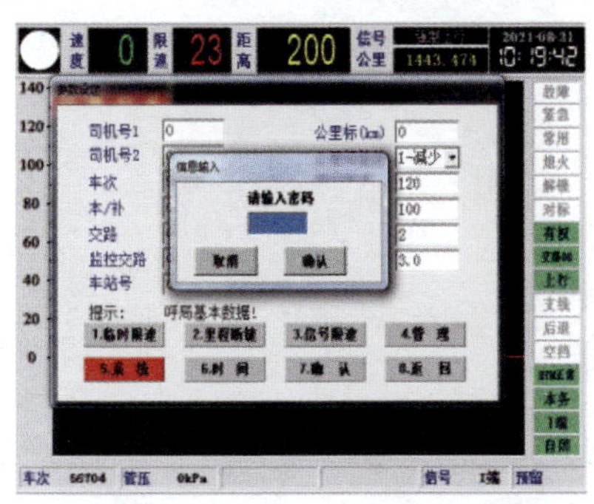

附图 11-24　密码输入界面

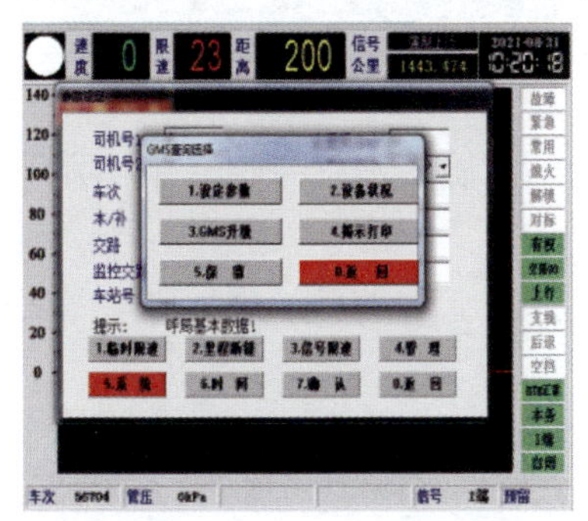

附图 11-25　GMS查询选择界面

乘务人员根据需要调取升级任务，如附图 11-26 所示。该界面只允许在升级提示对话框按压【退出】键后，再次满足升级条件时，人工调取升级提示对话框时使用。

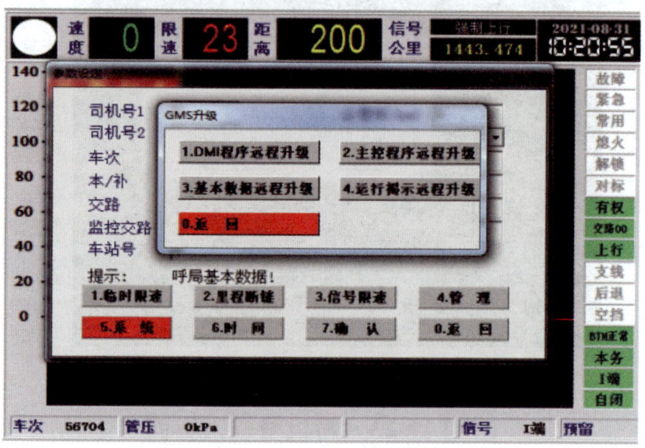

附图 11-26　GMS 升级调取界面

附件 12

自轮运转车辆运用安全措施

第一条 防止冒进安全措施

1. 开行列车防止冒进信号

(1)开车前乘务人员应正确输入 GYK 参数,输入时应一人输入一人确认,对运行径路上支线跳转提前模拟,防止基础数据调取错误导致监控作用失效。

(2)编组较长列车需补机车辆协助充风时:

①制动试验严格确认列车管贯通状态,本务正驾驶与需要协助充风的补机正驾驶形成对应关系,其余补机乘务人员不得擅自缓解充风。核对风压时必须停止充风,待列车制动主管风压稳定后核对,防止折角塞门关闭发出列车。

②在区间使用自阀减压后,在补机协助充风过程中发生塌方、断道、信号突变、人员抢道等异常情况时,本务正驾驶必须立即实施紧急制动并通知补机正驾驶停止充风。

③在停车调速时准确掌握减压时机,留足补机协助充风时间,确保停车时风压充足。

④本务正驾驶自阀减压后需补机协助充风时,在缓解前先通知补机缓解协助充风再缓解本车自阀,防止本务车总风缸压力不足。

(3)开车后正驾驶选择平道或下坡道进行试闸。减压后速度下降 5 km/h 以上方可缓解。试闸时须结合坡道、减压量、降速趋势掌握本列制动力发挥情况,作为后续停车、减速自阀使用时机的判断依据。

（4）进站停车解锁后进入“正常监控（目视）”模式，乘务人员必须加强瞭望，严格确认出站信号机位置，准确掌握减压时机，确保停车后距离出站信号机不少于 30 m。

（5）运行中按规定确认车位，对存在误差的情况及时校正，保持 GYK 公里标与地面里程一致。

（6）使用路票、绿色许可证、引导进站行车时，乘务人员必须认真确认凭证正确，准确掌握有效的信号机，严格按显示状态操纵，防止冒进。

①使用路票行车时，最后一站进站信号机为显示有效的信号，乘务人员必须准确输入进站信号位置，严格按照信号显示状态操纵。例如：2021 年 8 月 26 日，因某工程指挥部在阎良站施工，阎良站停用信联闭，某段自轮运转车辆在八里店—阎良—惠刘经惠八联络线改用电话闭塞法行车。此时惠刘站进站信号机为有效的信号机，注意事项如下。

a. 认真确认路票信息正确，如附图 12-1 所示。

b. 严格输入路票参数，如附图 12-2 所示。

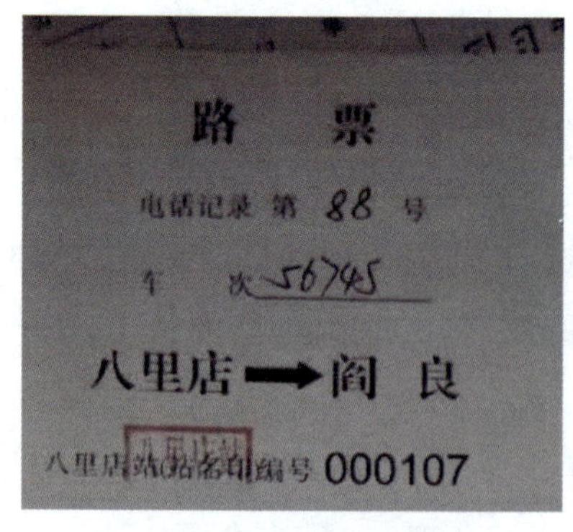
路　票
电话记录第 88 号
车　次 56745
八里店→阎　良
八里店站站名印编号 000107

附图 12-1　路票信息

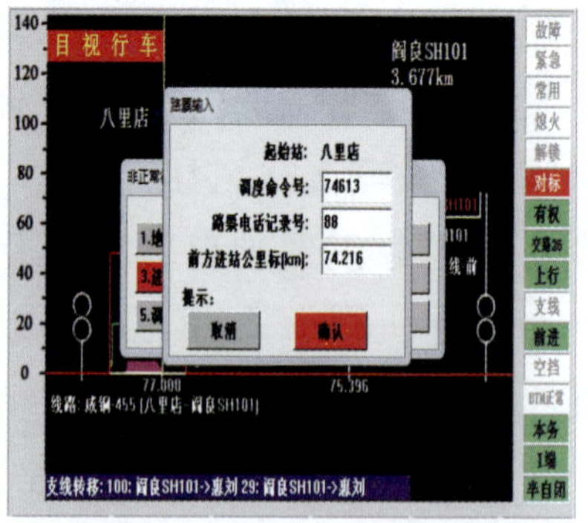

附图 12-2　输入路票参数

c. 确认阎良站进站引导信号显示正常后进站交路票。

d. 输入车站联控的路票号码、惠刘站进站信号机里程，如附图 12-3 所示。

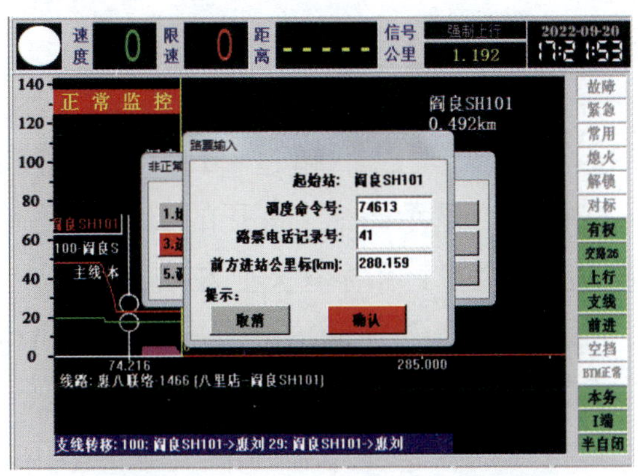

附图 12-3　输入进站信号机里程

e. 惠刘站严格按照信号机显示运行。

停用信联闭车站进站时通常使用引导接车。

②使用绿色许可证行车时，出站方向只有一架出站（发车进路）信号机且故障时，区间第一架通过信号机显示有效，严格按照信号显示状态操纵。多架发车进路信号机故障或发车进路、出站信号机故障停用发车时，车站只填发一张绿色许可证，乘务人员必须确认绿色许可证空白处按发车方向由近及远依次填写的故障信号机名称，次一架信号机显示有效。

③引导进站分为以下三种：

a. 引导接车并正线通过时，准许乘务人员凭特定引导手信号的显示，以不超过 60 km/h 速度进站。特定引导手信号显示方式：昼间为展开绿色信号旗高举头上左右摇动，夜间为绿色灯光高举头上左右摇动。

b. 进站、接车进路信号机不能使用时，应开放引导信号。

列车以不超过 20 km/h 速度进站，并做好随时停车的准备。显示方式：进站及接车进路、接发车进路色灯信号机的引导信号显示一个红色灯光及一个月白色灯光。

c. 引导信号不能开放或无进站信号机时，应派引导人员接车。引导接车时，列车以不超过 20 km/h 速度进站，并做好随时停车的准备。显示方式：展开的黄色信号旗高举头上左右摇动；夜间为黄色灯光高举头上左右摇动。

乘务人员必须明确引导的方式，进站时严格确认引导信号或特定引导信号显示正确方可进站，防止冒进。

(7)运行途中 GYK 发生故障无法正常使用时，乘务人员应立即使用列车无线调度通信设备报告车站值班员或列车调度员，在日志上做好记录，同时对故障设备进行应急处置。确认无法恢复时，根据实际情况掌握运行速度，在自动闭塞区间，以不超过 20 km/h 的速度运行至前方站停车；在确认本务车 GYK 正常后方可继续运行。遇列车无线调度通信设备故障时，应在前方站停车报告。

2. 区间作业防止冒进信号

(1)区间封锁、站间封锁乘务人员必须认真审核调度命令，施工里程不得大于封锁里程。进入区间后使用 GYK 防碰模式施工时严格输入终点里程，按规定确认车位，对存在误差的情况及时校正，保持 GYK 公里标与地面里程一致，监控限速距离终点前 100 m 闭口范围内需解锁时须报请生产调度指挥中心同意。

(2)区间封锁返回时，进站前须机外停车，确认行车凭证、道岔进路、信号显示正确后方可进站。如 GYK 设备接收不到地面信号：

①进站信号机开放、车机联控进站，停车后乘务人员报请生产调度指挥中心同意后方可解锁进站；进站信号机未开放，停车后不得解锁。

②车机联控通知乘务人员按照引导信号的显示进站，停车后乘务人员确认引导信号显示正确，报请生产调度指挥中心同意后方可解锁进站。

第二条 防止超速安全措施

1. 开行列车防止超速

(1)吸取相关事故教训，动车前严格载入运行区段有效交付揭示及GYK临时数据文件，未接收或载入严禁动车。

①载入后由正驾驶对照GYK显示屏、副驾驶对照交付揭示，对调度命令号、条数进行核对，确保内容正确。

②正确输入GYK参数调取基础数据，输入时一人输入一人确认，对运行径路上支线跳转提前模拟，防止基础数据调取错误导致载入的临时数据文件不能发挥控制作用。

③运行途中，自轮运转车辆通过慢行限速地点时副驾驶须立岗瞭望，发现运行揭示及GYK临时数据文件中施工或限速地点、起止时间、限速值与地面实际不符时，应以最低限速值和最长限速距离控制列车运行，并立即报告列车调度员，同时向生产调度指挥中心汇报，在运行日志上做好记录。

④运行途中，乘务人员须将交付揭示与列车通过的地面实际处所进行核对，经过一处划掉一处，逐个销号。遇往复交路通过时，在揭示后每通过该处一次标注“过1”“过2”，依次类推。

⑤自轮运转车辆站内停车时乘务人员接收到运行前方临时限速的调度命令时，应人工输入运行揭示信息实现

GYK 机控，人工输入时须一人输入，一人核对，并在行车日志上记录，越过调度命令载明的慢行地段后，可自行解除运行揭示控制。

⑥自轮运转车辆运行中乘务人员接收到运行前方临时限速的调度命令时，由正驾驶负责接收（签收）并与列车调度员（车站值班员）认真核对。通过调度命令无线传送系统发送的临时调度命令，正驾驶签收后及时打印；通过列车无线调度通信设备通知的临时调度命令，正驾驶核对后记入行车日志。副驾驶核对、确认命令开始和结束时间、区段、起止里程（区间）、限速值（行车方式）等内容。

（2）运行中遵守列车运行速度的有关规定，严守线路允许速度、车辆构造速度、百吨闸瓦压力限制速度、道岔限制速度、运行揭示限制速度以及 GYK 限制速度要求，遇限速由高到低时执行呼唤应答，准确掌握减压时机。

（3）本务正驾驶对所编组车辆的长度心中有数，确保尾部越过慢行终点、道岔后方可提速或操作 GYK 解除道岔限速。

（4）乘务人员必须对运行区段的长大坡道、变坡点做到心中有数，提前在变坡点前调整油门大小，防止超速运行。

2. 区间作业防止超速

（1）封锁区间车辆续行时，乘务人员严格掌握速度，与前行车组间隔不得小于 50 m；续行间隔 50～300 m 时，速度不得超过 20 km/h 并做好随时停车的准备；续行间隔大于 300 m 时，速度不得超过 40 km/h。

（2）在施工封锁区段运行，通过换轨、清筛、桥涵架空等地段时严格按照施工负责人指示的速度运行，并随时做好停车准备。

(3)封锁区间内推进作业使用“区间作业编组模式”时，1 km外监控限速 40 km/h，乘务人员必须严格遵守推进运行速度不超过 30 km/h 规定。

(4)返回运行中，在当日实际作业区段(换轨、清筛、桥涵架空等施工慢行限速区段)严格控制速度，按照调度命令要求开通后开行首趟列车的限速值执行，车组尾部越过后方可提速。

(5)使用“区间作业返回模式”时必须重新调取所在线路基础数据，再进入“区间作业返回模式”，防止载入的临时数据不能发挥控制作用。

(6)侧线至区间封锁进入、返回时必须严格遵守道岔限速。

第三条 防止追尾安全措施

1. 开行列车防止追尾

(1)运行中乘务人员须认真确认机车信号与地面信号显示意义相符，通过机车信号判断前方地面信号的开放状态，对运行前方闭塞分区空闲情况做到心中有数，准确判断信号显示，对突变降级、跳跃升级等异常情况要果断采取措施，如附图 12-4 和附图 12-5 所示。

(2)遇机车信号故障时必须严格按照《铁路技术管理规程(普速铁路部分)》第 335 条执行，立即使用列车无线调度通信设备报告车站值班员或列车调度员，在自动闭塞区间控制速度不超过 20 km/h 运行至前方站停车处理或请求更换自轮运转本务车辆。在运行过程中必须认真确认地面信号显示状态，严格按信号显示操纵。

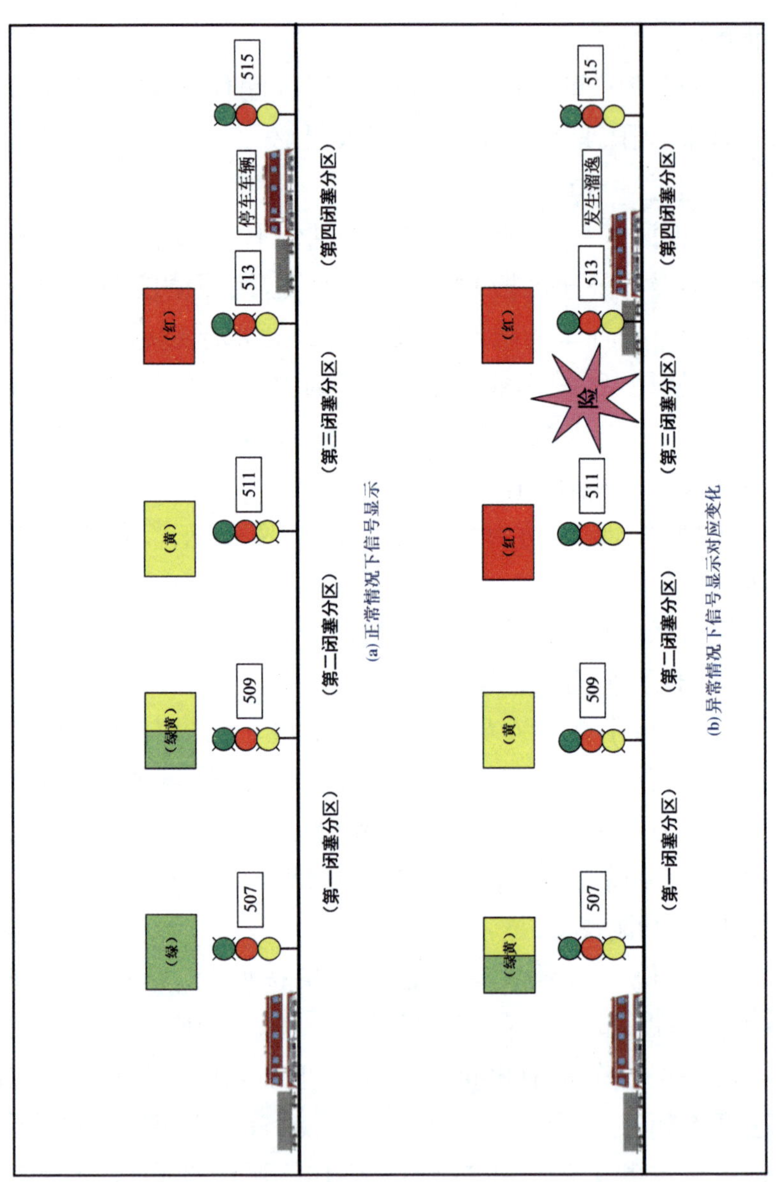

附图 12-4　信号显示不正确——突变降级

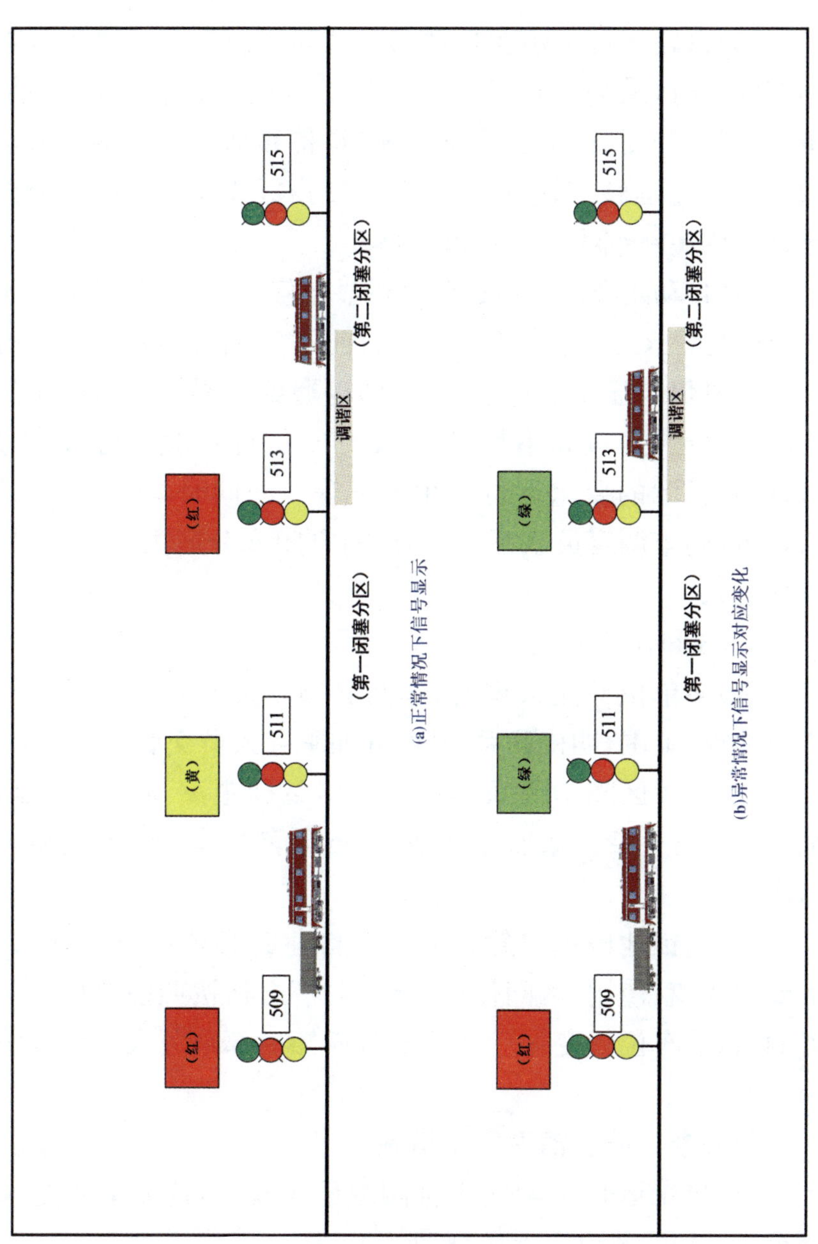

附图 12-5　信号显示不正确——跳跃升码

(3)自轮运转车辆在自动闭塞区间紧急制动或被迫停在调谐区内时，乘务人员须立即通知后续列车、向两端车站值班员(列车调度员)报告停车位置(具备移动条件时乘务人员须先将自轮运转车辆移动不少于 20 m)，并在轨道电路调谐区外使用短路铜线短接轨道电路。

(4)自动闭塞区段通过信号机显示停车信号(包括显示不明或灯光熄灭时)，必须在该信号机前停车，停车等候 2 min，若该信号机仍未显示进行信号时，即以遇到阻碍能随时停车的速度继续运行，最高不超过 20 km/h，运行到次一通过信号机，按其显示的要求运行。在停车等候的同时，必须与车站值班员、列车调度员联系，如确认前方闭塞分区内有列车时，不得进入。

2. 区间作业防止追尾

(1)多单位共用天窗时，车间必须掌握其自轮运转车辆作业地点、范围，明确联系制度，并向乘务人员交底。

(2)封锁区间车辆间续行时严格掌握距离与速度限制，加强前后车联系，遇联系不畅时必须警惕运行，防止超速追尾。

(3)封锁地段内自轮运转车辆作业时必须保持 10 m 以上安全距离，使用“区间作业编组模式”严格按照前车停车位置输入，前车位置变化后必须及时通知后部乘务人员修改监控参数。

第四条 防止溜逸安全措施

(1)自轮运转车辆使用自阀减压停车后，应及时追加减压至 100 kPa 及以上保压制动。

(2)调车作业换端操作时禁止本务和最后一辆自轮运转

车辆同时换端。

(3)自轮运转车辆在未熄火状态下正驾驶位严禁离人。

(4)自轮运转车辆在上坡道摘车时,被摘车前部各自轮运转车辆须将单阀移至全制动位,在本务缓解后具有前进趋势时缓解单阀,被摘车副驾驶在摘车作业时严格显示信号,摘车作业结束后方可上车。防止起步后溜重新连挂。

(5)自轮运转车辆在运行中,特别是在长大下坡道运行时,应时刻注意制动风压的变化,适时使用制动机,禁止熄灭发动机,机械传动车辆不得空挡溜放。

(6)自轮运转车辆在大坡道起步时:

①高坡地段停车后各自轮运转车辆必须将单阀至全制动位。

②坡道起步时缓解自阀,施加动力预加载,各补机逐渐缓解单阀。

③大坡道起步时乘务人员以侧窗外实物作为参照点,防止起步溜逸不能及时发现。

④起步不当发生溜逸时,本务正驾驶必须立即减压停车,重新起步,不得持续增加牵引力。

⑤大坡道自轮运转车辆制动系统发生故障时,各自轮运转车辆使用人力制动机保证列车及时停车或就地制动。

(7)自轮运转车辆在运行中,当发现制动、走行及与安全有关的总成、部件有异常时,必须立即停止运行,及时通知两端车站,并迅速检查排除。因故障不能排除或发生事故不能恢复运行,乘务人员向车站值班员(列车调度员)报告,请求救援。就地采取防溜措施,对车列施行大减压制动,并通知各补机小闸制动保持 300 kPa 压力,如遇自动制动机故障,组织拧紧各自轮运转车辆手制动机，两端用铁鞋止轮制动，并按有关规定进行防护。

(8)自轮运转车辆防溜应采取“双防溜”措施，设置双防溜的标准见本标准第十六条。

①铁鞋实行编号管理，严禁使用无编号的铁鞋。

②自轮运转车辆配备的铁鞋应具备防盗自锁功能，自轮运转车辆内应安装铁鞋支、取报警系统。

③防溜器具实行定置管理，固定地点、对号入座，用后及时归位。发生铁鞋丢失时，应向派出所(驻站公安)报案。丢失铁鞋的号码在破案前不得再行使用。

④自轮运转车辆在静止状态下采取铁鞋防溜措施后，应在其制动机控制手柄或操作台处揭示铁鞋支取的双面警示牌，提醒乘务人员或机组人员及时设置或撤除防溜铁鞋。

⑤使用铁鞋防溜时，鞋尖须紧贴车轮踏面。使用人力制动机时，必须处于制动状态。铁鞋的支、取由车组人员完成，车组人员设置、撤除防溜措施后，应由乘务人员或乘务人员长进行确认。

⑥有关人员于作业前后、交接班前后必须对防溜措施进行检查、确认，正确、及时填写防溜记录。

⑦在段管线、岔线取送车作业完毕，作业人员须将停留车辆的防溜措施与段管线、岔线有关人员办理交接签认手续。

第五条 防火安全措施

1. 运送易燃、易爆等危险品时，乘务人员与押运人员必须密切配合，了解其危险性质，严格执行运送易燃、易爆等危险品的安全规定。

2. 加强自轮运转车辆消防安全管理工作，防止发生火灾和爆炸事故。建立消防安全制度、灭火和应急疏散预案，设置消防安全标志。每台有牵引动力的自轮运转车辆应配备水基型灭火器和干粉灭火器，灭火器应固定放置、便于摘取。按消防有关规定定期开展消防安全检查和应急演练，定期对灭火器进行检查，确保齐全有效。

3. 自轮运转车辆内不得使用明火。车内取暖宜选用电加热取暖器、冷暖空调机、专用取暖设备。

4. 严禁使用明火预热发动机、油箱、油管及不熄火时用油棉丝布擦拭发动机。车内严禁存放汽油等易燃物品。使用过的油脂及棉丝应妥善保管，严禁乱扔乱放。

5. 加注燃油时，应注意防火，严禁在油箱附近及加油作业中吸烟。需使用电（气）焊时，应尽量远离油箱，清除附近的易燃易爆物品，并准备足够的灭火器。

第六条 汛期行车安全措施

1. Ⅰ级防洪地点安全关键：

(1)乘务人员对设置的Ⅰ级防洪地点呼叫标志牌要提前确认，加强瞭望，并呼叫应答。

Ⅰ级防洪地点联控标准用语：列车头部越过呼叫标后，乘务人员：“××(看守点)××(次)接近”；

看守人员：“××(次)××(看守点)正常(或停车)”；

乘务人员：“××(次)正常(或停车)，司机明白”。

(2)乘务人员与Ⅰ级看守点联控三次无应答时，立即降速到在瞭望距离内能随时停车的速度运行，并继续与看守点联控，如仍无应答时必须在Ⅰ级防洪地点前停车，停车后继续联控，联控确认看守人员通知正常后开车，仍联系不上时，及时向两端站汇报并按其指示执行。

2. 天气恶劣运行及控速：

遇天气恶劣，信号机显示距离不足 200 m 时，乘务人员或车站值班员须立即报告列车调度员，列车调度员应及时发布调度命令，改按天气恶劣难以辨认信号的办法行车。

(1)列车按机车信号的显示运行。当接近地面信号机时，乘务人员应确认地面信号，遇地面信号与机车信号显示不一致时，应立即采取减速或停车措施。

(2)当无法辨认出站(进路)信号机显示时，在列车具备发车条件后，乘务人员凭车站值班员列车无线调度通信设备(其语音记录装置须作用良好)的发车通知起动列车，在确认出站(进路)信号机显示正确后，再行加速。

(3)天气转好时，应及时报告列车调度员发布调度命令，恢复正常行车。

(4)自轮运转车辆参考“恶劣天气列车瞭望距离内随时停车的最高运行速度参考值”控速，见附表 12-1。

附表 12-1　恶劣天气列车瞭望距离内随时停车的最高运行速度参考值

瞭望距离(m)	50	100	150	200	250	300
货车(km/h)	15	25	30	35	40	45

3. 降雨天气瞭望困难地段控速：

在途运行自轮运转车辆遇降雨天气通过“瞭望困难地段”时，应加强瞭望、控速运行(原则上时速 120 km 及以上区段速度不大于 80 km/h，时速 120 km 以下区段速度不大于 60 km/h)，乘务人员主动控速后，应及时向车站报告，由车站值班员向列车调度员报告。

乘务人员联控用语：“××站，××次因区间降雨，瞭望困难地段控速运行。”

车站值班员联控用语：“区间降雨，××次控速运行，××站明白。”

4. 遇强降雨及瞭望不良时的行车要求：

(1)当自轮运转车辆运行前方遇强降雨、瞭望条件不良时，或接到车站值班员(或列车调度员)提示控速运行时，应适当降速运行，待雨势减弱、瞭望条件较好且未收到其他限制行车的要求或命令时，视情况恢复常速运行，并及时向车站值班员(或列车调度员)报告降雨位置。

乘务人员联控用语：“××站，××次运行至××站至××站间降雨(控速运行)。”

车站值班员联控用语：“××站至××站间降雨，××站明白。”

(2)当运行前方遇强降雨、瞭望困难且情况不明时，可采取停车避险措施(停车地点应避开防洪重点地点、高大路堑山体、隧道口等处所)，并及时通知相关车站。待雨势减弱、瞭望条件转好且未收到其他限制行车的要求或命令时，乘务人员应自行开车并控速运行，后续视情况恢复常速。停车和开车时均要报告车站或列车调度员。

乘务人员联控用语：“××站，××次因区间降雨，在××公里××米处停车避险。”

车站值班员联控用语：“区间降雨，××次在××公里××米处停车避险，××站明白。”

乘务人员联控用语：“××站，因天气转好，××次开车，恢复常速(控速××公里)运行。”

车站值班员联控用语：“××次开车，恢复常速(控速×

×公里)运行,××站明白。”

乘务人员主动在区间停车避险后,如果设备管理单位要求限速时,乘务人员按车站通知的按限速要求运行;如果设备管理单位要求封锁时,乘务人员接到车站通知区间已达雨量封锁警戒后,列车以不超过 45 km/h 速度运行,途中应加强瞭望和车机联控,到达本站或邻站后再封锁区间。

5. 普速铁路雨量封锁警戒处置措施:

(1)货车封锁警戒:当雨量达到货车封锁警戒时,工务设备管理单位生产调度指挥中心应第一时间以电话、口头通知等方式要求雨量计站点关联车站对相邻区间采取封锁措施。车站必须立即扣发站内列车并上报列车调度员,如果区间运行有列车时,应通知乘务人员区间已达雨量封锁警戒。乘务人员接到通知后,列车以不超过 45 km/h 速度运行,途中应加强瞭望和车机联控,到达本站或邻站后再封锁区间。

(2)封锁检查要求:车站根据申请组织相关人员登乘检查车进入区间进行检查(警戒区段的每条线路应分别检查)。检查车应以登乘人员要求的速度运行,运行速度原则上不应大于限速警戒的限速值。

6. 线路障碍自动监测报警系统、光纤光栅传感监测报警系统报警时的处置措施:

(1)报警内容:

①无线列调报警:正常状态下处于静默状态,当防护区段出现影响行车的异物侵限报警时,系统向信号覆盖范围内的列车循环播放报警语音,语音内容为:“××线上/下行××公里××米发生险情,立即停车”。

②报警灯报警:正常情况下处于灭灯状态,当防护区段

出现影响行车的异物时，报警灯亮红。

(2)处置办法为：

①乘务人员接到无线列调语音报警或发现报警灯亮红时，应在报警地点前方选择适当地点停车，尽量避开防洪地点、高大路堑山体、隧道口等处所，并报告就近车站值班员。

乘务人员报告车站的用语：××车站，××次列车运行至××至××区间上/下行线××公里××米处因收到险情报警(或看到红灯)，在××公里××米处停车。

车站值班员应答用语为：××次列车在××至××区间上/下行线××公里××米处停车，××车站明白。

②若邻线运行的列车、本线已整列越过监测区域的列车接到无线列调语音报警时，应报告就近车站值班员，同时加强瞭望、继续运行。

7. 列车在区间运行中被迫停车，不能继续运行或有可能妨碍邻线时，乘务人员应按规定使用列车防护报警装置(LBJ)向其他列车发出防护报警信息。

(1)防护报警装置使用方法：

①CIR 设备主机面板的【报警】键，无论 CIR 工作在何种模式下须连接 LBJ 设备且列车防护报警功能开启的情况下有效。否则【报警】键功能无效。

②发送列车防护报警信息，需要持续按下【报警】键 3 s 以上，此时 MMI 屏幕上会进行相应的提示，并且需要在规定的时间内再次按【确认】键才能发送列车防护报警信息。否则不会发送列车防护报警信息。

③发出防护报警信息后，乘务人员应向列车调度员(车站值班员)报告情况。

④列车调度员(车站值班员)接到报告,通知区间相关列车(妨碍邻线时须通知邻线有关列车)停车后,通知乘务人员解除列车防护报警。接到通知后应再次按压【报警】键,并按提示信息进行操作,解除无线防护报警信息。报警信息解除后,乘务人员应及时向列车调度员(车站值班员)报告情况。

(2)防护报警解除方法:

若正在发送列车防护报警信息,此时再次按下【报警】键3 s以上即可停止发送列车防护报警信息。

(3)收到防护报警信息处置方法

①运行中列车收到无线防护报警信息时,乘务人员应认真查看CIR设备MMI上显示的报警信息,按【确认/签收】键确认收到信息,关断(自动)报警语音提示。

②报警线路和地点与本列车运行线路相关、可能影响本列车运行安全时,本务正驾驶应采取降速运行或紧急停车等必要的安全的措施,防止发生事故。

③报警线路和地点与本列车运行线路无关时,列车可按正常速度运行。遇报警信息内容不完整或有疑问时,应及时联系本线列车调度员(车站值班员)确认,情况不明时,可直接采取降速运行等安全措施。

④列车通过报警地点或收到防护报警解除信息时,应恢复本列车的正常运行,并向列车调度员或车站值班员报告。

8. 汛期暴风雨行车应急处置:

(1)列车通过防洪重点地段时,乘务人员要加强瞭望,并随时采取必要的安全措施。

(2)当洪水漫到路肩时,列车应按规定限速运行;遇有落石、倒树等障碍物危及行车安全时,乘务人员应立即停车,排除障碍并确认安全无误后，方可继续运行。

(3)列车遇到线路塌方、道床冲空等危及行车安全的突发情况时，乘务人员应立即采取应急性安全措施，并立刻通知追踪列车、邻线列车及邻近车站。配备列车防护报警装置的列车应首先使用列车防护报警装置进行防护。

9. 线路发生故障时的防护办法如下：

(1)应立即使用列车无线调度通信设备通知车站值班员或列车司机紧急停车，同时在故障地点设置停车信号。

(2)当确知一端先来车时，应急速奔向列车，用手信号旗(灯)或徒手显示停车信号。

(3)如不知来车方向，应在故障地点注意倾听和瞭望，发现来车，应急速奔向列车，用手信号旗(灯)或徒手显示停车信号。

设有固定信号机时，应先使其显示停车信号。

站内线路、道岔发生故障时，应按规定设置停车信号防护。

10. 自轮运转车辆因水害等紧急情况在区间停车后，乘务人员要立即报告车站值班员汇报停车信息。再开车时，必须按车站值班员的指示办理。

第七条 防止断钩风险安全措施

1. 空气制动机系统必须作用良好，单阀制动力必须达到 300 kPa 及以上。

2. 动车前，应待车组全部缓解后再动车，全车列起动后再加速。

3. 运行中加载牵引时，避免在坡底、坡顶快速加载。

4. 自阀减压时，禁止使用“大劈叉”制动方式，自阀排风未止不应追加；自阀排风未止不得缓解小闸，需缓解小闸单阀每次缓解量不得超过 30 kPa，缓解本务车小闸制动缸压力不得低于 50 kPa。

5. 自阀缓解后，不应立即加载。

6. 施行紧急制动时，车未停稳不得移动自阀和单阀手柄。

7. 多机附挂运行时，第二位及其以后的乘务人员必须服从本务车乘务人员的指挥，加强联系，协调配合，严禁随意操纵。

8. 空重混编车组，自阀缓解时的速度不应低于 15 km/h。

第八条 防止折关安全措施

1. 因车辆保养、故障处置、GYK 自检等作业中关闭折角塞门时，作业结束后，乘务人员应检查确认开启位置正确。

2. 连挂车组编组发生变化后，各车应在连挂作业结束后及时连接风管，开启折角塞门，本务机车进行全列贯通试验，制动试验结束后，各车不得擅自关闭折角塞门；如遇特殊情况，必须关闭折角塞门进行处置的，由乘务人员（或机长）报告本务乘务人员，处置结束后由乘务人员（或机长）检查确认折角塞门开启正确后报告本务机车乘务人员，本务乘务人员应再次进行制动试验，确认全列贯通情况。

3. 落实简略试验规定，连挂妥当后动车前、始发列车开车前、站停超过 20 min 列车开车前，必须认真进行简略试验，本务必须与尾部核对风压，确保本务前后风压一一对应，列车管贯通。

4. 检查车辆装载加固篷布捆绑绳头捆绑状态良好，绳头无过长无脱落，检查篷布无松脱，篷布无过低搭挂塞门。

5. 检查无闲杂人员爬乘车组。

第九条 工程线自轮运转车辆运用安全措施

(一)工程线施工自轮运转车辆管理标准及流程

1. 相关职能科室与施工用车主体单位根据施工计划及用车要求签订施工合同和安全协议。施工车间到有关科室领取合同、协议、路局施工预案,车间做好施工作业地段的作业、行车安全风险研判,制定相应的行车操纵控制措施,落实好自轮运转车辆的整备、人员安排、备品配置检查审核工作,完毕后向生产调度指挥中心申请挂运转场。

2. 进入工程线施工的自轮运转车辆必须满足:技术状态良好,取得年检合格;行车安全设备及防护备品齐全有效,每日出车前车组人员按各自分工对自轮运转车辆技术状态进行全面检查,确保状态良好。

3. 自轮运转车辆应配齐乘务人员和操作人员,乘务人员必须取得与所驾驶机型匹配的资质证件,拥有相应工作能力,持证上岗。

4. 进入工程线施工的自轮运转车辆必须配备起复设备、道尺和相关的行车、防护备品。

5. 施工车间根据线路技术资料和主体单位提供的施工组织方案,组织车组人员进行充分研判讨论,重点对长大坡道操纵、调车转线、跨区间运行、进出工程线行车组织等进行重点分析,并制定安全控制措施,落实责任人,在施工前对所有参与作业人员进行安全技术交底,车间做好检查审核,确保每名作业人员熟练掌握施工运行区段的安全风险控制重点和要求。

6. 施工作业前,车组负责人应提前向施工主体单位索取施工及运行区段坡度表、曲线表、线路纵断面图、车站平面图、站场正(站)线间距表等线路技术资料及“施工组织设计”,并安排技术人员和施工主体单位技术人员共同对提供的线路技术资料进行现场调查和复核,确保技术资料的准确性,对存在的问题及时进行标注,对不符合施工作业条件的线路区段向施工主体单位指出,待整改复核正确满足自轮运转车辆施工条件后方可进行后续作业。

7. 车间应指定一名管理人员负责与施工主体单位的组织协调、施工监督检查和添乘指导。

(二)施工运行安全风险措施

1. 施工自轮运转车辆在营业线、高铁联络线的运行及调车作业,执行规范中的行车规定和相关车站的“站细”,严格执行乘务作业标准,确保行车安全。

2. 由营业线进入工程线运行

(1)施工自轮运转车辆在营业线与工程线的转入转出,乘务人员应执行施工主体单位与车站协商明确并书面提供的运行要求。

(2)施工自轮运转车辆由营业线进入工程线施工时,施工主体单位安排专人负责联系车站协调自轮运转车辆的调车作业,严格执行车机联控要求,非集中道岔执行“要道还道”制度。确认调车信号开放或手信号显示(股道信号、道岔开通信号)正确后方可动车,做到“没有联控和联控不清不准动车、信号不清或不明不准动车或没有得到扳道人员的手信号不准动车”的规定。

3. 由工程线进入营业线

(1)施工作业完毕车组需返回营业线时,车组负责人应提前安排施工主体单位与车站联系,按照车站的计划和要求做好进站准备。

(2)自轮运转车辆运行到工程线与营业线分界点前 30 m 处时应一度停车,与车站联控(非集中道岔执行“要道还道”制度),待车站(或扳道人员)准备好进路,开放调车信号(显示手信号)并进行联控后方可动车。运行中要逐一确认道岔开通位置,以不高于 20 km/h 速度进入车站既有线,进站后按营业线调车作业标准执行。

(3)在营业线内调车转线时,乘务人员应熟悉掌握车站站场设备、“站细”和行车安全注意事项。

(4)施工任务快结束时,车组负责人应及时联系施工主体单位负责人,督促施工主体单位负责办理车辆由工程线进入营业线的过轨技术鉴定和过轨手续。

4. 工程线内的运行

(1)自轮运转车辆施工运行线路应满足《大型养路机械使用管理规则》第 4.5.20 条“在清筛、更换道床及新线地段利用捣固车、配砟整形车等大型养路机械作业的线路条件应满足:静态规矩偏差不超过 $^{-6}_{+12}$ mm,静态三角坑偏差不超过 30 mm,轨缝不大于 30 mm,曲线目视圆顺,无反超高”的规定。线路必须达到 25 km/h 及以上行车速度,道床道砟饱满,并捣固密实。钢轨两侧 400 mm 及轨枕头外侧 200 mm 范围内道砟必须饱满,线路稳定性良好。

(2)施工主体单位应提前安排人员排查清理线路钢轨外侧 1 500 mm 以内、轨枕底部下 400 mm 范围内影响施工作业的障碍物(如机具、钢轨、轨枕、人行道板、线缆槽等);拆除施工区段内影响作业的护轨、臌包夹板、轨温调节器、红外线和计轴器等设备,对线路隔音板和与钢轨平行的线缆及线卡做好捆扎标注，并派专人看护检查恢复设备。

(3)工程线内运行，由施工主体单位安排一名熟悉线路状况和站场环境的人员，携带线路相关技术资料进行添乘带道。

(4)工程线内的调车须要有调车作业通知单(含有站印或单位印章)或有录音记录功能的通信设备通知乘务人员方可作业。

(5)工程线跨区间运行的行车组织，乘务人员须持有占用区间的行车凭证，凭证包含日期、区间、车次、站印、线路允许速度，凭发车手信号或有语音记录功能的联控设备的语音指令发车。

(6)乘务人员应掌握区间线路情况、施工作业里程及同一区间内其他单位车辆的施工情况，运行中严格控制速度，以在瞭望距离内能随时停车的速度运行，运行中加强瞭望，注意线路前方、两线间及线路两侧人员、机具和施工路料情况，防止人员机具侵限，遇危及行车和人身安全情况时，应立即采取减速或停车措施。

(7)在未开通信号联锁的车站，施工主体单位提前安排进路，自轮运转车辆进站出站乘务人员应在道岔前一度停车，确认道岔开通正确、岔尖密切、道岔加勾锁器锁固方可继续运行。

(8)跨区间运行前车组负责人应以运行区段线路坡道、曲线情况，制定操纵办法，特别是长大坡道制动机使用，确保车辆安全运行。

5. 车辆的施工防护、防溜、值守

(1)自轮运转车辆在车站驻留时，严格执行防溜作业相关规定。

(2)施工结束停留期间，车组要安排人员进行值守。

(3)自轮运转车辆作业区段两端安全防护由施工主体单位设置，作业中的随车防护由车组设置。

(4)工程线内平行作业的本线和邻线的施工车辆的防护工作应由施工主体单位统一负责，车组进入施工区段前，乘务人员严格控制车速运行。

(三)施工作业安全风险措施

1. 施工作业前，车组负责人应对当日作业区段的安全风险进行预想研判，对车组作业人员进行安全风险对规教育，对施工主体单位提供的作业地段技术资料进行现场检查验证，确认作业条件，对不符合自轮运转车辆作业条件的地段不得作业。

2. 施工车组应加强领导，严格落实工作责任，遇高铁站调车作业时严格按高铁“三防一杜绝”(防脱、防错、防漏和杜绝作业事故)要求，车组应建立健全物品清点登记制度，随车配备的工机具及辅助设备，应落实定置及编号管理；其他临时上车的工机具及物料应专管专用，自轮运转车辆施工完毕后，应安排专人检查捣镐、砂轮等易耗材料，处理车体灰渣，严禁遗留至线路，影响行车安全。

3. 作业负责人必须对作业开始、作业结束、车辆连挂解体、岔区结合部、线路附属设备区段进行重点盯控确认和记录。

4. 施工车组应做好与所在主体单位的沟通，掌握线路状况，施工前应认真复核现场资料与技术资料的准确性、做好现场曲线要素的标记；要求施工主体单位对影响大机施工的护轨、臌包夹板、钢轨伸缩调节器、红外线和计轴器等线路附属设备进行拆除和绑扎。对于不能拆除的(电务、供电、车辆部门和供电设备)障碍物地段,自轮运转车辆不顺坡不捣固,施工主体单位负责安排人工起拨捣固作业,确保行车安全。

5. 自轮运转车辆在当日施工区间内进行作业,如还有其他单位车辆同时进入本区间作业时,要求主体单位应提前组织参与作业的各施工负责人召开协调会,明确各自作业范围、作业起止时间、联系方式和安全控制事项,要求施工主体单位派专人负责自轮运转车辆作业区段两端的防护,确保作业区段内无其他车辆、人员进入该区段干扰施工。自轮运转车辆在作业区段内运行、作业时要注意瞭望,发现有侵入限界的梯车、台车、小推车等其他施工车辆或人员作业要及时停车,确保人身、车辆安全。

6. 工程线内施工涉及多单位、多项目融合作业,针对施工范围大、作业项目多易发生因联系不畅、防护设置位置不清而造成冒进其他单位作业区段问题,各单位在工程线配合施工时,必须提前介入、相互协调,制定针对性管控措施并向乘务人员安全交底,防止发生机械车冲突、碰撞。

7. 如在同一站内有多组自轮运转车辆停留,各车作业负责人应加强联系协调,提前安排调车转线等准备工作,杜绝因准备工作不到位影响施工的情况。

8. 作业前各车负责人要确认捣固车、动力稳定车和打磨车的测量小车、前后张紧小车、起拨道装置、稳定装置、打磨装置的下放位置是否正确,以免产生误动作或损坏设备。

9. 钢轨打磨车作业要求:

(1)钢轨打磨施工前,施工主体单位必须向施工车组提供钢轨状况测量技术参数(至少每百米1处),以便机组确定打磨模式及打磨遍数。

(2)钢轨打磨车作业时,施工主体单位应负责清理打磨车作业经路(特别是岔区和绝缘接头处)。在打磨作业结束后及时检查清扫铁屑、油污,防止道床污染,恶劣天气不安排整体道床段作业。

(3)钢轨打磨车作业时,要求施工主体单位负责打磨区段线路两侧的防火工作,作业前必须清理线路两侧 5 m 范围内易燃物,配备足够的人员及灭火器具,并随车做好防火安全检查。

(4)打磨车在道岔前后 200 m 内禁止打磨作业,防止打磨电机误损道岔。

10. 捣固车工程线作业要求:

(1)捣固作业时,施工主体单位必须配备足够的作业人员及应急机具,并及时回填石砟,恢复线路外观,保证行车安全。

(2)主体单位要提前调查线路缺砟地段,及时补充石砟、均匀石砟等工作,下沉地段要充分补充石砟,保证捣固后线路几何尺寸符合技术标准。

(3)检查配合人员应与捣固车保持不少于 5 m 的距离,跟车人员应随时观察捣固车工作状态,倒车时及时避让,休息时可停留在本线道下,严禁跨越股道或停留在两线间。在线路路肩目视线路平顺时,应注意邻线来车。

(4)捣固施工前道岔、线路设备的调查准备工作:首先核对技术台账,及时核对现场曲线资料与台账资料是否相符;缓和曲线长度以及缓和曲线的超高、正矢递减是否正确,曲线超高需调整时,超高必须按新超高刷写,不调超高的曲线,曲线要素要清楚以备捣固后检查核对。做好捣固施工中曲线五大桩标注，将曲线 ZH、HY、QZ、YH、HZ 五大点，标记在轨枕塌面上，刷写方向顺捣固施工方向，以便施工中操作手进行校核。

(5)车组根据提供的技术资料进行施工，捣固时设定的基本起道量不少于 10 mm，一次起道量控制在 50 mm 以内，超过 50 mm 捣固两次，计算两遍；在变更曲线超高地段，当里股起道量大于 20 mm 时，应分 2 次进行起道；拨道采用三点法或四点法，一次拨道量控制在 20 mm 以内，超过 20 mm，捣固两次，计算两遍。

(四)应急处置

1. 施工车组在既有线发生区间被迫停车、故障等的应急处置执行相关规定。

2. 施工车组在工程线发生故障被迫停车时，要及时在车组两端 300 m 以外设置停车信号(火炬或响墩)防护，与施工主体单位联系尽快处理恢复运行或作业。

3. 车组在区间施工作业中发生脱线时，要及时与施工主体单位联系，汇报情况，主体单位安排人员协助车组开展起复救援工作。

4. 发生危及行车安全的问题时，车组应及时向段相关部门进行汇报，做好信息沟通。

第十条　自轮运转车辆区间被迫停车应急处置措施

(一)区间被迫停车处置措施

1. 自轮运转车辆在区间被迫停车不能继续运行时的处理

自轮运转车辆故障或其他原因在区间被迫停车时，执行以下规定：

(1)乘务人员应采取就地制动,减压量不少于100 kPa。

(2)乘务人员应立即使用列车无线调度通信设备通知两端站及追踪列车,报告停车原因和停车位置。

(3)需要防护时,乘务人员必须立即防护。

(4)采取紧急措施,组织抢修或起复,尽快开通线路。故障排除后,在没有和车站值班员和救援车辆乘务人员联系时,不得随意移动车辆。

(5)因故障不能排除或发生事故不能恢复运行,乘务人员向车站值班员(列车调度员)报告,请求救援。就地采取防溜措施,对列车施行大减压制动,通知补机各车小闸制动保持300 kPa压力,如遇自动制动机故障,组织拧紧各车手制动机,两端用止轮器止轮制动,以保证就地制动。

(6)已请求救援的自轮运转车辆,不得再行移动。

2. 自轮运转车辆在区间被迫停车后的防护

自轮运转车辆在区间被迫停车需防护时,执行以下规定:

(1)自轮运转车辆被迫停车可能妨碍邻线时,乘务人员应立即用列车无线调度通信设备通知邻线上运行的列车和两端站(列车调度员),分别在自轮运转车辆的头部和尾部附近邻线上点燃火炬;在自动闭塞区间,还应对邻线来车方向短路轨道电路。乘务人员应亲自或指派人员沿邻线一侧对自轮运转车辆进行检查,发现妨碍邻线时,应立即派人按规定防护。如发现邻线有列车开来时,应鸣示紧急停车信号。对于邻线上妨碍行车地点,应从两方面按线路最大速度等级规定的列车紧急制动距离位置处防护,如确知列车开来方向时,仅对来车方面防护。

(2)已请求救援时,从救援列车开来方面(不明时,从列车前后两方面)，距离列车不小于 300 m 处防护。

(3)一切电话中断后发出的列车(持有《铁路技术管理规程(普速铁路部分)》附件 3 通知书 1 的列车除外)，应于停车后，立即从列车后方按线路最大速度等级规定的列车紧急制动距离位置处防护。

(4)自轮运转车辆分部运行，进入区间挂取遗留车辆时，应从车列前方距离不小于 300 m 处防护。

3. 自轮运转车辆在区间被迫停车放置响墩，点燃火炬，短路轨道电路的方法及要求

(1)设置响墩防护时，按来车方向左 2 右 1 卡放在轨面上，每个响墩的间隔距离为 20 m，距防护点最近的 1 枚响墩必须满足防护距离要求，防护人员应站在该响墩与防护点之间，距响墩 20 m 处。

(2)点燃火炬防护时，取掉火炬上帽，利用帽上的鳞片，用力擦划火炬头部即可点燃(如鳞片失效，可直接在钢轨上用力擦划；点燃火炬时应顺风，以免烧伤)，点燃后插入道心。

(3)使用短路铜线防护时，应将短路铜线的两端分别卡在防护线路两侧钢轨上(四显示区段避开调谐区)，有条件时，应确认后部通过信号机显示的红灯。

4. 自轮运转车辆在区间被迫停车后需分部运行的处理

自轮运转车辆在区间被迫停车需分部运行，执行以下规定：

(1)在不得已情况下，自轮运转车辆必须分部运行时，乘务人员应报告前方站(列车调度员)，并做好遗留车辆的防溜和防护工作。乘务人员在记明遗留车辆辆数和停留位置后，方可牵引前部车辆运行至前方站。在运行中仍按信号机的

显示进行，但在半自动闭塞区间或按电话闭塞法行车时，自轮运转车辆必须在进站信号机外停车（乘务人员已报告前方站或列车调度员列车为分部运行时除外），将情况通知车站值班员后再进站。

（2）下列情况自轮运转车辆不准分部运行：

①采取措施后可整列运行时。

②对遗留车辆未采取防护、防溜措施时。

③遗留车辆无人看守时。

④乘务人员与车站值班员及列车调度员均联系不上时。

⑤遗留车辆停留在超过6‰坡度的线路上时。

5. 自轮运转车辆在区间被迫停车必须退行时的处理

自轮运转车辆在区间被迫停车必须退行时，按以下规定执行：

（1）在不得已情况下，列车必须退行时，车辆乘务员或随车机械师（无车辆乘务员或随车机械师时为指派的胜任人员）应站在列车尾部注视运行前方，发现危及行车或人身安全时，应立即使用紧急制动阀（紧急制动装置）或使用列车无线调度通信设备通知乘务人员，使列车停车。

（2）列车退行速度，不得超过15 km/h。未得到后方站（线路所）车站值班员准许，不得退行到车站的最外方预告标或预告信号机（双线区间为邻线预告标或特设的预告标）的内方。

（3）车站接到列车退行的报告后，除立即报告列车调度员外，根据线路占用情况，可开放进站信号机或按引导办法将列车接入站内。

（4）下列情况列车不准退行：

①按自动闭塞法运行时（列车调度员或后方站车站值班

员确认该列车至后方站间无列车，并准许时除外)。

②在降雾、暴风雨雪及其他不良条件下，难以辨认信号时。

③一切电话中断后发出的列车(持有《铁路技术管理规程(普速铁路部分)》附件 3 通知书 1 的列车除外)。

(5)挂有后部补机的列车，除上述情况外，是否准许退行，由集团公司规定。

6. 自轮运转车辆在区间发生行车事故后应报告的内容

自轮运转车辆在区间发生行车事故后，向列车调度员报告内容按以下规定执行：

(1)事故发生的时间、地点、区间(线名、公里、米)、线路条件、事故相关单位和人员。

(2)发生事故的列车种类、车次、机车型号、部位、牵引辆数、吨数、计长及运行速度。

(3)旅客人数，伤亡人数、性别、年龄以及救助情况，是否涉及境外人员伤亡。

(4)货物品名、装载情况，易燃、易爆等危险货物情况。

(5)机车车辆脱轨辆数、线路设备损坏程度等情况。

(6)对铁路行车的影响情况。

(7)事故原因的初步判断，事故发生后采取的措施及事故控制情况。

(8)应当立即报告的其他情况。

第十一条 多单位自轮运转车辆配合施工作业安全措施

(一)施工前准备工作

1. 多单位自轮运转车辆配合施工作业、多单位套用天窗作业或配合单位套用天窗作业，施工主体单位组织相关单位根据施工（维修）日计划、作业车运行计划，于施工（维修）前召开联合作业协调（预备）会，结合各专业需求（包括上下车里程、人数和时间节点等内容）细化作业车开行方案。

2. 开行方案必须明确发站、到站、编组、运行径路、作业地点、作业防护地点、转线计划及运行速度，合理确定车辆分解、连挂地点、作业人员上下车位置，一经确定不得随意更改。

3. 乘务人员应参加联合作业协调会，根据施工作业协调会确定的作业范围、工作分工和安全注意事项等要求开展安全预想。

4. 乘务人员应认真做好车辆及安全防护备品的检查，保证出乘车辆技术状况良好。按规定接收、载入、核对运行区段运行揭示。

5. 每辆作业车应配备1台具备录音功能的对讲机，车辆整备作业时，乘务人员应进行通话试验并建立独立的自轮运转车辆（组）群（或规定使用联系方式、选用通话频道），确保联控通畅。

6. 自轮运转车辆施工主体单位负责联系车站统一指挥编组，乘务人员应加强联系，确保调车作业安全。

（二）区间封锁施工自轮运转车辆运行、作业组织

1. 本务车乘务人员负责整列贯通试验，并与末位车乘务人员核对风压，确认制动性能良好。

2. 各单位负责人在确认本专业单位人员、料具、材料等均已上车且具备开车条件后向施工主体单位负责人汇报，经施工主体单位负责人确认后，通知本务乘务人员。

3．本务乘务人员接到封锁区间的调度命令后，确认命令正确，按车站发车人员的发车信号（或联控发车）开车。

4．运行中担当补机自轮运转车辆须听从本务指挥。车未停妥严禁上下人员、装卸料具。

5．自轮运转车辆进入封锁施工区间后，在未分解前上下人员或装卸料具时，由相关单位负责人向施工主体单位负责人报告，由施工主体单位负责人通知本务乘务人员在规定位置停车；本务车乘务人员应立即用手持对讲机将上下人员、装卸料具的停车位置转告附挂车乘务人员。

6．自轮运转车辆在指定位置停车分解前，本务乘务人员对全列车辆施行制动保压。被摘车辆副驾驶负责摘解车钩、风管和显示信号，摘开后挂起风管，固定防尘堵。

7．各单位自轮运转车辆必须严格按划分的作业区域组织作业，各单位按规定设置防护。

8．各单位自轮运转车辆作业区域有交叉时，各单位应互派胜任人员监护，明确责任人。任何一方动车必须联系另一方，掌握另一方自轮运转车辆停车位置并得到另一方准许后方可动车。

9．各单位自轮运转车辆作业结束，原则上应停到预定的停车连挂位置，施工单位负责人汇报施工主体单位负责人，并报告本单位自轮运转车辆停车位置。

10．施工主体单位负责人按作业计划（或现场实际需求）确定主挂车、被挂车。主挂车乘务人员得到施工主体单位负责人连挂通知后，必须确认被挂车停车位置，正确设置 GYK 模式和参数后进行连挂作业。连挂作业时，被挂车不得移动。

11. 连挂前，作业车乘务人员应加强联系，相互确认对方当前所处位置。

12. 接近被连挂车辆时，执行十车、五车、三车限制速度，按规定连挂、试拉、接风管并进行贯通试验。

13. 各单位自轮运转车辆全部连挂妥当整列返回。担当牵引任务的本务车副驾驶负责确认车钩、列车制动主管的连接状态，进行制动机简略试验。正确使用 GYK 区间返回模式、准确输入 GYK 参数，运行中校准 GYK 显示与地面坐标位置，开车后在作业地段运行严守点后首趟限速要求，进站控制好速度，确认好地面信号开放正确后方可进站。

（三）站间封锁施工自轮运转车辆运行、作业组织

1. 站间封锁施与区间封锁施工自轮运转车辆运行、作业组织最大的区别在于自轮运转车辆进入区间、返回车站的组织方式不同。

区间封锁施工自轮运转车辆进入区间、返回车站必须整列运行，自轮运转车辆组的发车、接车是车站组织，发车必须有车站显示的发车信号（或联控发车）方可动车，接车必须开放进站信号，自轮运转车辆按进站信号机的显示接车进站。

站间封锁施工自轮运转车辆进入区间、返回车站时，可分解成若干车组分别进入、返回，由车站准备好进路（封锁）后，封锁命令交由施工负责人，自轮运转车辆组由车站开车、有区间返回车站均按施工负责人的指示运行，封锁地段线路上的列车信号和调车信号显示一律无效。

2. 自轮运转车辆分组分别进入区间、返回车站时，必须明确进入、返回的秩序，即是分段控制进入区间、返回车站，

还是追踪续行进入区间、返回车站。

3. 分段控制进入区间、返回车站。分段进入区间时第一自轮运转车辆组越过某一公里标位置后，第二自轮运转车辆组方可再发车进入区间，自轮运转车辆分解多组进入区间以此类推。返回时前组自轮运转车辆组进站后，次组自轮运转车辆组再从区间开车返回，自轮运转车辆分多组返回车站以此类推。

4. 各单位自轮运转车辆分组开续行时，无论是进入区间、还是由区间返回车站，必须严格执行续行距离间隔与速度要求，防止追尾。

5. 自轮运转车辆分组开续行时，前行自轮运转车辆组在封锁区段内运行至少每公里应向后续自轮运转车辆组通报运行到的公里标位置、车速，遇逼迫停车，要及时将停车位置通知续行乘务人员，通知不到时应从自轮运转车辆尾部不少于 300 m 处防护。续行自轮运转车辆组，应掌握前行自轮运转车辆组运行位置，合理控制车速，遇联系不上前行自轮运转车辆组时，必须把车速控制在瞭望距离内能随时停车的速度运行。

（四）其他作业人员搭乘自轮运转车辆时，须执行以下规定：

1. 各专业应指定专人担任搭乘负责人，明确联系方式及方法，与联合作业主体单位负责人实行单一联系。

2. 搭乘人员须听从联合作业主体单位负责人指挥，不得影响乘务人员瞭望及操作，严禁进入驾驶位；车未停稳，严禁上下车；严禁擅自动用车内设备。

附件 13

自轮运转车辆乘务人员标准化作业验收标准

车间(班组)：		车号：		年　　月　　日
正驾驶：	副驾驶：			
项目	验收项点	扣分（分）	正驾驶	副驾驶
出乘前整备作业	1. 未按规定着装	0.5		
	2. 正、副驾驶未进行酒精测试或酒精测试不合格，班前 10 h 或班中饮酒	失格		
	3. 未按照作业顺序自下而上、自左而右、由内到外，对自轮运转车辆（安全装置、车轴、基础制动装置等）进行检查	1		
	4. 未对自轮运转车辆车组及平车连挂状态及装载加固情况检查	2		
	5. 未检查行车安全装备、随车资料、安全用品等齐全有效	2		
	6. 未做 GYK 自检试验、电台通话试验，存在漏项	1		
	7. 出乘前对班组或车组负责人组织的安全技术交底不清楚	2		
	8. 未按照“施工及车辆运行计划表”进行预想，对照“调车作业五色图”确认并掌握安全关键	2		
	9. 调车前不掌握编组、作业计划、调车经路	失格		
	10. 未进行制动试验，或试验时未确认制动主管风压泄漏状态	0.5		

续上表

项目	验收项点	扣分(分)	正驾驶	副驾驶
出乘前整备作业	11. 设备缺陷未及时处理，备品不全或状态不良出车	失格		
	12. 未打印或抄写有效运行揭示、载入GYK临时数据文件、未二人核对揭示令、未反馈GYK载入情况	失格		
	13. CIR、机车信号、GYK装置故障担当本务	失格		
	14. 动车前，正、副驾驶和前后车未执行防溜撤除互控	失格		
调车作业	1. 动车前，未进行制动试验，或制动机试验本务正驾驶未与尾部正驾驶核对风压确认制动主管贯通状态	0.5		
	2. 未按规定执行调车联控，停车后再动车首架调车信号未执行探头手比制度	2		
	3. 调车作业前，未对照“调车作业五色图”进行学习，不掌握作业站站场设备，作业中未将五色图揭示在操作台前	0.5		
	4. 未二人共同核对确认GYK参数输入、揭示载入情况	2		
	5. 调车信号未开放，监控装置提前转入调车模式	1		
	6. 调车信号开放后，没有按照确认调车信号、车机联控、操作GYK进入调车模式的顺序逐项确认	1		
	7. 进路上的调车信号、道岔、脱轨器、防护信号未执行逐架二人确认、呼唤、手比制度	0.5		
	8. 在非集中区进行调车作业时，未严格执行“要道还道”制度	失格		

续上表

项目	验收项点	扣分(分)	正驾驶	副驾驶
调车作业	9. 接到出站调车通知书、跟踪出站调车通知书,未执行二人核对确认规定	1		
	10. 电气集中控制区段未按规定执行一次进路一联控	0.5		
	11. 摘挂车辆时作业人员双足进入钩挡、翻越车钩作业	失格		
	12. 被挂车辆没有做好防护,未正确显示连挂信号	0.5		
	13. 车辆连挂时没有执行 10 m 前 2 m 处停车,连挂速度超过 5 km/h,连挂后未确认连挂状态,未试拉	失格		
	14. 摘解时,未对停留的自轮运转车辆采取防护、防溜措施	失格		
	15. 推进转线作业时,两端操纵的自轮运转车辆,没有在前进方向的一端驾驶	2		
	16. 推进运行时副驾驶未持信号旗(灯)在前方引导,未显示十车、五车、三车距离信号	0.5		
	17. 调车作业超速运行,牵引速度超过 40 km/h、推进运速度超过 30 km/h,经过道岔超过道岔限制速度,进入专用线超线路限速	失格		
	18. 调车作业接近连挂车辆、站界、车挡、防护信号等未按十车、五车、三车距离控速	1		
	19. 调车作业完毕监控装置未及时退出调车状态	1		
	20. 停留车辆未按规定设置防溜措施	失格		

续上表

项目	验收项点	扣分（分）	正驾驶	副驾驶
开行列车	1. 输入GYK参数未执行二人核对确认，输入完毕后未确认主界面运行方向、对标灯点亮、工况前进位	1		
	2. 未确认机车信号上下行、CIR、GYK设置正确	1		
	3. 接到行车调度命令、书面行车凭证，未执行二人核对确认	1		
	4. 出站信号开放后，未对出站（进路）信号、机车信号、监控信号进行二人确认、手比、呼唤	0.5		
	5. 车机联控时，未联控或联控不清，盲目应答	3		
	6. 动车前未与补机乘务人员联系互控动车	0.5		
	7. 车辆已加载未起动前，未确认制动缸压力	0.5		
	8. 动车后未执行后部瞭望	0.5		
	9. 未在规定地点按压开车键	1		
	10. 监控显示列车运行限速由高变低未及时确认，慢行标志未呼唤确认	1		
	11. 半自动闭塞、站间自动闭塞区段（含电话闭塞）通过预告信号机处（前），自动闭塞区段（含电话闭塞）在接近最后一架通过信号机（前）、整公里标处未进行GYK距离校对	2		
	12. 运行中未严格执行鸣笛标准，造成影响	失格		
	13. 进站前未根据车机联控、机车信号、地面信号显示预想操作方法，控制速度不合理	2		

续上表

项目	验收项点	扣分（分）	正驾驶	副驾驶
开行列车	14. 站停列车保压制动时，制动主管减压量低于 100 kPa	0.5		
	15. 站内停留超过 20 min 后，在开车前未进行简略试验	2		
	16. 自轮运转车辆停机熄火未采取防溜措施	失格		
	17. 在中间站停车超过 20 min，副驾驶未下车检查走行、制动系统状态和轴箱温度以及有无漏油、漏水、漏风情况、物品装载情况	1		
	18. 运行中超过各种限制速度（每百吨列车重量换算闸瓦压力限制速度，列车限制速度，线路、桥隧、信号容许速度，机车车辆最高运行速度，道岔、曲线及各种临时限制速度）	失格		
	19. 运行途中需补机乘务人员助力操作时本务未加载、补机先加载或本务先减载、补机后减载	1		
	20. 加载、减载冲动感明显（站在车上造成扶靠）	1		
	21. 挡位与车速不匹配未及时调整	1		
	22. 两台以上自轮运转车辆连挂运行，牵引配合不当。多机连挂操纵配合不当，造成二次起车	2		
	23. 操纵不当造成空转、滑行	1		
	24. 区间运行时，自轮运转车辆中途熄火	3		
	25. 站内正线停车时速度不得超过 35 km/h，未及时做好信号突变应急处置，导致列车放风	2		
	26. 运行中未正确操作 GYK 设备导致监控数据错误	失格		

续上表

项目	验收项点	扣分（分）	正驾驶	副驾驶
制动机使用	1. 施行紧急制动车未停稳，移动单、自阀手柄	失格		
	2. 长大下坡道区段制动调速总风缸压力低于 600 kPa 缓解列车制动	1		
	3. 制动主管风未达到 480 kPa 动车	2		
	4. 多机连挂运行本务机车使用单阀制动调速、停车	0.5		
	5. 单阀缓解每次超过 30 kPa	0.5		
	6. 减压时，自阀排风未止缓解列车制动	1		
	7. 追加减压量累计超过最大有效减压量（140 kPa）	2		
	8. 追加减压超过两次，一次追加减压量超过初次减压量	1		
	9. 减压时，自阀排风未止追加减压	1		
	10. 指挥补机正驾驶助力补风后未及时通知自阀归位	失格		
施工封锁作业	1. 无“施工车辆作业安全控制表”，正、副驾驶未提前预想安全关键	失格		
	2. 未认真核对调度命令，封锁地点、施工里程等内容错误未发现	失格		
	3. 调度命令下达前未提前预输监控参数，耽误出车时间	2		
	4. 施工车辆始发前，按规定进行列车制动机性能试验，认真观察充、排风时间或与尾部车核对制动主管风压	1		

续上表

项目	验收项点	扣分(分)	正驾驶	副驾驶
施工封锁作业	5. 进入区间 GYK 未在规定地点按压对标	1		
	6. 区间、站内摘解作业,不设防护,不显示信号	2		
	7. 吊装作业违反特种设备管理的有关规定	2		
	8. 平板车搭乘人员不按规定乘坐,未及时制止	失格		
	9. 不按规定装载加固,造成超载、偏载、超限	2		
	10. 人员、机具来车时没有撤离至安全地带、未采取措施	2		
	11. 区间作业 GYK 监控装置未选用正确控制模式,降低防护等级	失格		
	12. 作业完毕收车不按规定锁定安全装置	2		
	13. 须越出本车作业地段,动车前与他车不联系,不掌握他车位置盲目动车	3		
	14. 区间编挂作业,本车、它车公里标输入错误,或未按输入的本车公里标位置开车对标	1		
	15. 连挂作业互相不联系盲目动车,不设防护,不按规定显示信号	3		
	16. 区间封锁,自轮运转车辆未在防护地点前停车	0.5		
	17. 施工区段,续行距离与速度违反标准,未造成后果	1		
	18. 区间作业返回时 GYK 模式选用错误,监控数据输入错误(对标位置、进站信号机位置)	失格		

续上表

项目	验收项点	扣分（分）	正驾驶	副驾驶
施工封锁作业	19. 区间返回，在当日实际作业区段，未比照运行揭示调度命令要求的首趟限速值超限速运行	失格		
	20. 分组返回不掌握前车运行状态，续行距离和速度不符合标准	1		
	21. 进入施工封锁区段，不服从地面作业负责人指挥，超限速运行	失格		
	22. 牵引物料车进行卸物料作业时，卸土中起动车辆，抛物带未回转并锁定到位动车	失格		
退乘作业	1. 到达驻地车站停妥后，未及时与车站值班员联控	0.5		
	2. 到达驻地车站调车作业停妥后，未对车组采取双防溜，并翻转警示牌	失格		
	3. 到达驻地车站后，未对自轮运转车辆及平车进行收车后的检查保养	0.5		
	4. 到达驻地车站后，未对自轮运转车辆动态故障或检查出的故障登记上报	2		
	5. 未按规定转储 GYK 运行记录数据	2		
	6. 离车前未关闭设备和电源、未关闭车窗、未锁闭好车门	失格		
呼唤应答车机联控	1. 进站、出站、进路、通过、防护信号机显示的信号呼唤不标准、错呼漏呼，每次	1		
	2. 对发车信号（发车表示器）、行车凭证未进行二人确认呼唤	1		
	3. 对预告、复示、机车、监控信号、慢行标志呼唤不标准、错呼漏呼，每次	1		

续上表

项目	验收项点	扣分（分）	正驾驶	副驾驶
呼唤应答车机联控	4. 对调车信号、道岔表示器、脱轨器表示器、各类灯（旗）牌防护信号呼唤不标准、错呼漏呼，每次	1		
	5. 对防溜设置撤除情况未进行呼唤确认，每次	1		
	6. 未二人确认试风手信号、试风作业呼唤不标准、错呼漏呼，每次	1		
	7. 十车、五车、三车呼唤不标准、错呼漏呼	0.5		
	8. 开车前未呼唤非操作端监控装置状态，每次	0.5		
	9. 运行中未对后部运行情况进行确认呼唤，每次	0.5		
	10. 装卸作业没有执行确认制度并呼唤应答，每次	0.5		
	11. 应确认呼唤手比的信号、标志未手比，每处	0.5		
	12. 未执行车机联控、调车联控、对讲机互控制度	失格		
	13. 联控执行不标准、回答错字漏字、抢回答、回答不完整，对讲与工作无关事项，每处	0.5		
得分				
评定	评语：			
整改措施				
验收人：